관계에도 연습이 필요합니다

관계에도 연습이 필요합니다

타인으로부터 나를 지키는 단호하고 건강한 관계의 기술

박상미 지음

웅진 지식하우스

우리는 사실 모두 연결되고 싶어해요

"인간관계가 지뢰밭 같아요."

"혼자는 외로운데 관계는 힘들어요."

"사람들이 내 맘 같지 않아요."

"말 안 해도 알아주는 사람이 있으면 좋겠어요."

"우리 가족은 왜 내 말을 못 알아들을까요?"

"우리 가족은 왜 대화만 하면 싸우는 걸까요?"

"상사의 말 한마디에 매일 상처받아요."

코로나19 팬데믹 이후, 사회적 거리 두기가 일상화되는 가운데 관계 맺기는 더 어려워졌습니다. 저는 지난 10년간 연 300회 이상 전국의 기업과 관공서, 법무부 교정시설, 교원연수원 등에서 공감과 소통, 관계 교육을 해왔습니다. 이때 직장인들이 가장 고민하는 문제는 언제나 '인간관계'였습니다. 직장 내 인간관계, 가족관계, 연인관계, 친구관계 등 모두 관계 때문에 상처받고 힘들어합니다.

코로나19 팬데믹 이후 어르신들은 집에서 보내는 시간이 많아져 자식들과의 만남도 부쩍 줄어들다 보니 갑자기 '독거노인'이 된 듯 하다며 극심한 우울증을 호소하고 있습니다. 영상통화 기능을 사용할 줄 모르는 분들은 친구와 가족의 얼굴을 못 본 지 오래라며 한탄합니다. 청소년 중에는 친구들에게 온라인 채팅방에서 농담을 했다가 오해를 사서 왕따가 되었다는 사례도 있었습니다.

최근에는 확진자와 확진자의 가족 몇 분을 전화 상담하게 되었는데, 이분들이 겪는 관계의 고통은 매우 심각했습니다. 음성 판정을 받았지만 가족이 확진자였다는 이유로 소외돼서 괴롭다는 사람, 완치 판정을 받았지만 여전히 자신을 피하는 가까운 사람들에게 큰 상처를 받았다는 사람, 자신이 확진 판정을 받는 바람에 직장이 폐쇄되고 일부 동료들이 전염돼서 엄청난 가해자가 되고 말았다는 사람. 코로나 바이러스보다 앞으로 만나게 될 사람들과의 관계가 더 두렵다는 사람도 있었습니다. 원래 관계 맺기에 자신이 없는 분들이 더 극심한 고통을 느끼고 있다는 걸 알게 되었습니다.

저 또한 오프라인 강의가 거의 취소되어, 매일 상담실에서 대학 강의와 기업 교육을 온라인으로 진행하고 있습니다. 하루아침에 새로운 소통방식에 적응하고 능숙해져야 하는 환경으로 공간 이동이라도 한 것 같습니다. 기업 사보에 직장인들의 고민 상담을 하는 칼

럼을 오래 써왔던 터라 직장인들과 소통하는 메일을 열어두었더니, 직장인들의 고민 상담이 쏟아졌습니다. 실시간으로 진행되는 온라인 화상 회의와 교육, 이메일과 문자로 소통하는 횟수의 급격한 증가로 멀미가 난다는 게 주요 내용이었습니다.

이메일로 소통하다 보니 얼굴 보며 얘기할 때보다 표현이 조심스럽고, 오해가 생길까 봐 더 긴장된다, 재택근무를 하면서 가족들과 서로 화내기 시합이라도 하듯 너무 많이 싸운다, 재택근무가 끝나고 출근하게 되면 사람들과의 관계가 더 어색하고 힘들어질 것 같다, 사람을 못 만나는 시간이 길어지니 우울감, 무기력증, 대인기피 증상까지 생기는 것 같다……

우리는 이제 코로나19 이전의 상황으로 돌아갈 수 없습니다. 코로나19 팬데믹이 끝난다 하더라도 급변한 소통방식의 체계는 다시 오프라인 중심으로 회귀하지 않을 것입니다. 오프라인, 온라인의 경계 없이 이루어지는 관계 맺기, 소통에 유연해지려면 예전보다 더 많은 '관계 연습'이 필요합니다. 제가 만난 직장인들, 학생들, 지인들, 모두의 소망은 '관계의 단절'이 아니라 '소통과 연결'이었습니다. '타인으로부터 나를 지키는 단호하고 건강한 관계의 기술'은 배우고 꾸준히 연습하면 내 것으로 만들 수 있습니다.

"관계에도 연습이 필요하다는 걸 실감하게 되었습니다."

"말만 하면 오해가 생겨서 대화하는 게 힘들었는데, 대화법을 배워보니 관계가 살아난다는 걸 느꼈습니다."

"예전엔 문제가 생기면 지레 겁먹고 관계를 끊어버리거나 이직하는 쪽을 택했었는데, 제 마음의 상처가 많아서 관계를 피했다는 걸 알게 됐어요. 이젠 관계 속에서 성장하고 싶습니다."

"결국 나를 지키는 마음 연습을 해야 가족관계도, 직장에서의 관계도 좋아진다는 걸 알았어요."

좋은 평판을 얻으려고 애쓰다가 번아웃되고, 소외될까 불안해서 안절부절못하는 이들을 상담하고 교육하면서 '관계 연습'만이 우리의 성장과 행복을 보장할 수 있다는 것을 깨닫게 되었습니다. 공감과 소통, 관계 교육을 통해서 다양한 사례별 실전연습을 하면서 교육생들은 점점 달라지기 시작했습니다.

우리는 타인과 건강한 관계를 맺는 방법을 배워본 적이 없습니다. 정규 교과과목에 '관계' 수업이 있었다면, 어려서부터 상처 주지 않고 상처받지 않으면서 서로 행복한 관계 맺는 법을 배우며 자랐다면, 나의 삶은 지금보다는 더 편안하고 함께 성장하는 방향으로 나아가고 있지 않을까요?

독일 아이들은 학교에서 '협력하고 존중하는 관계'를 배웁니다. 그룬트슐레(초등)와 김나지움(중고등)의 교육방식은 학생들 간의 대화와 토론 중심입니다. 교육부에서도 교사는 수업시간에 20퍼센트 이내로 말하라고 권고합니다. 시험문제는 학업 능력에 따라 다르게 출제되고, 잘 모르는 문제는 학생들끼리 서로 도와서 풀라고 합니다. 모두가 잠재력을 가진 존재로 존중받는 분위기를 형성해주고, 우등과 열등이 경쟁하기보다 협력하며 같이 성장하도록 이끕니다.

영국은 2020년 9월부터 '관계 맺기' 수업을 필수 교과과정에 도입합니다. 초등학교에서는 가족관계, 친구관계에서 서로를 배려하고 존중하는 법, 온라인에서의 관계, 안전한 관계에 대해 배웁니다. 중등학교에서는 초등학교에서 배운 내용을 심화하여 여러 형태의 가족, 존중하는 관계, 안전하기(온라인과 미디어 포함), 건강한 성 관계와 성 건강에 대해 배웁니다.

'안전한 관계'를 위해 나를 소중하게 여기고, 안전하지 않은 신체 접촉에 대해서 거부 의사를 표현하고, 필요에 따라 도움을 요청하고, 나의 감정을 알아차리고 적극적으로 표현하는 방법을 배웁니다. 공감하고 소통하는 대화법을 배우는 건 기본입니다. 나를 지키고 타인을 존중하는 '경계'를 배움으로써 건강한 관계를 맺는 어른으로 성장해나가도록 돕는 수업, 한국에도 반드시 도입되어야 합니다.

관계에도 연습이 필요합니다. 배우고 연습하면 배우기 이전과는 확연히 다른 삶을 살게 됩니다.

괴테는 "사람은 자신이 아는 것밖에 들을 수 없다"라고 말했어요. 사람은 누구나 내 기준에서 생각하고, 타인을 수용합니다. 상대의 말을 해석해서 듣는 연습을 하지 않으면 내 마음이 지옥이 됩니다. 상처도 마찬가지예요. 상대의 의도와는 다르게 큰 상처가 되는 말들이 있지요. 내가 상처받는 진짜 이유는 나의 '해석' 때문입니다. 타인을 공감하는 말은 관계를 살립니다.

이제, 건강한 관계를 맺는 구체적인 방법들을 배우고 연습해봅시다. 이 책은 심리학적 이론을 토대로 구체적 상황별 대응법과 해결책을 제시합니다. 다양한 상황에 따른 구체적인 대응법을 익히고 연습하고 실천하면 자신감이 생깁니다. 상처도 관계 속에서 받지만, 행복도 관계 속에서 내 인생으로 들어옵니다.

관계에 대한 개인상담, 집단상담까지 합하면 저는 연 1000회 이상 관계 수업을 하고 있습니다. 오프라인에서 만날 수 없는 분들도 '관계 연습'을 하고 자신감을 얻을 수 있도록, 멀어지는 관계를 보살피고 끊어진 관계도 회복할 수 있도록 돕고 싶은 간절한 마음이 이 책을 쓰게 했습니다. 10년간의 임상에서 효과가 검증된 방법들을 기록하고 쉽게 풀었습니다. 이 책을 읽는 독자 누구나 쓰면서 연습하고, 실행에 옮길 수 있도록 안내했습니다. 이 책이 여러분에게 도움이 되길 바랍니다.

나부터 변하겠다는 마음가짐이 변화의 시작입니다. 내 마음이 성장할 때 관계도 성장합니다. 건강한 관계 맺기는 '나를 깨우고 함께 춤추는 일'이 아닐까요?

2020년 9월
박상미

차례

1장

자유로운 삶을 위한
인간관계 연습

타인은 지옥일까

한 남자와 두 여자가 죽어서 지옥에 떨어집니다. 창도 없고, 항상 전
등이 켜져 있으며, 방문을 열지 못하는 호텔방입니다. 각각 다른 삶
을 살아왔던 이 세 사람은 잠도 못 자고 영원히 서로를 대면하며 한
공간에서 갇혀 살아야 합니다. 타인의 시선에서 벗어날 수 없는 밀
폐된 방에서 말이죠. 하지만 신체에 고통을 주는 고문 기구 하나 없
으니 지옥의 환경치고는 괜찮아 보일지도 모르겠습니다. 그러나 그
들은 서로의 필요성을 강하게 느끼며 각자가 원하는 것을 타인에게
요구하지만 번번이 거절당하고 괴로워합니다.

> 여기가 바로 지옥이군요. 난 한 번도 그렇게 생각한 적 없었어요.
> 우리가 고문실에 관해 나눈 이야기를 모두 기억하겠지요? 불, 유화,
> '초열지옥', 어처구니없는 이야기들! 붉게 달군 쇠꼬챙이는 필요 없

어요! 지옥은 타인이니까요.

프랑스 작가 장폴 사르트르가 1944년에 발표한 희곡 「닫힌 방」에 나오는 대사입니다. 연극을 본 사람들은 이 대사에서 아주 강렬한 인상을 받았나 봅니다. 이후 사람들은 인간관계의 고통을 표현할 때 이렇게 말하죠.

타인은 지옥이다.

인간관계에서 상처받은 사람들은 이 문장에서 위로를 받기도 하고, 타인과 나 사이에 더 높은 담을 쌓기도 합니다. 하지만 사르트르는 1965년경 「닫힌 방」 레코드판 논평에서 이에 대해 설명했습니다. 사람들 사이의 관계가 늘 해로운 것이라고 믿어버릴 정도로 "지옥은 타인이다"라는 말의 뜻이 왜곡되었다면서요.

"지옥은 타인이다." 이 말은 타인과의 관계에 중독되면 항상 지옥 같은 관계가 된다는 것을 의미한다. 타인과의 관계가 왜곡되고 결함이 있는 경우 타인은 지옥일 수 있다. 왜냐하면 타인은 근본적으로 나 자신을 이해하는 데 가장 중요하기 때문이다. 우리는 자신에 대해 생각할 때, 자신을 알고자 할 때, 기본적으로 이미 타인이 갖고 있는 나에 대한 지식을 사용한다. 우리는 타인의 판단을 통해 나를 판단한다. 내가 나 자신에 대해 어떻게 말하든, 어떻게 생각하든

늘 타인의 판단이 들어간다. 즉 타인에게 의존하는 사람들은 그들과의 관계가 나빠지면 실제로 지옥에서 사는 셈이다. 세상에는 타인의 판단에 지나치게 의존하는 탓에 지옥에 있는 사람들이 많다. 그러나 이것이 타인과 더 이상 관계를 맺을 수 없다는 것을 의미하지는 않는다. 단지 우리 모두에게는 타인이 중요하다는 사실을 나타낼 뿐이다.

우리에게는 남들에게 괜찮은 사람으로 인정받고 싶은 욕구가 있습니다. 그래서 마음 가는 대로 행동하고 싶다가도 타인의 시선을 의식해 신중하고 조심스럽게 행동합니다. 하지만 남에게 늘 착한 사람이라는 평판을 듣는 사람 중에 자신을 잘 챙기며 사는 사람은 드물어요. 남에게 항상 착한 사람이 되려면, 자기 자신에게 자주 나쁜 사람이 되어야 합니다.

회사에서 동료, 후배, 상사 눈치 보느라 할 말 못하는 나, 단체 채팅방에서 회사 사람들 말 한마디 놓칠까 봐 퇴근하고도 핸드폰을 손에서 놓지 못하는 나, 가족 눈치 보다가 결국 싫은 일을 도맡는 나……. 타인의 잣대에 갇힌 나를 지옥에서 해방시켜주어야 합니다.

평판에 집착하면 나의 개성과 매력은 성장할 틈이 없습니다. 모든 사람에게 좋은 평판을 받으려고 애쓰지 말고, 소외될까 봐 불안해하지 말고, 지혜롭게 타인과 적당히 거리를 두면 오히려 잘 지낼 수 있습니다.

자기 자신의 삶을 포기하면서까지 인간관계에 집착해서는 안 됩

니다. 눈치 보는 희생자, 분노하는 피해자로 살지 말고 자신을 먼저
챙기세요. 내 마음이 편해지면 관계도 편해집니다.

　품격과 자존감을 지키면서 누구보다 자기 자신에게 좋은 사람으
로서 독립된 삶을 살아가는 것이 타인이라는 지옥을 탈출하는 가장
좋은 방법입니다.

몹시 추운 겨울날, 고슴도치들이 얼어 죽지 않으려고 함께 부둥켜안고 있습니다. 서로의 체온 덕분에 덜 춥긴 하지만, 온몸에 난 가시가 서로를 찌르니 고통스럽습니다. 그래서 다시 떨어집니다. 하지만 추워서 견딜 수가 없습니다. 이렇게 고슴도치는 상대의 체온이 그리워서 부둥켜안았다가 상대가 주는 고통 때문에 떨어지기를 반복합니다.

쇼펜하우어가 쓴 우화 「고슴도치 이야기」에 나오는 내용입니다. 마침내 고슴도치들은 '최소한의 거리'를 두는 것이 가장 현명한 방법이라는 것을 깨닫습니다.

실제로 고슴도치들은 가시가 없는 부분인 머리를 맞대고 잠을 잡니다. 서로 고통을 주지 않으면서 더불어 살아가는 방법을 터득한 것이지요. 인간들의 세계도 마찬가지예요.

앞에서 말한 「닫힌 방」으로 돌아가보면, 갇힌 방의 문이 열려서 세 사람이 탈출할 수 있는 기회가 있었습니다. 그런데도 그들은 문밖으로 나가지 않아요. 타인과 함께 있는 것이 역겹기는 하지만 혼자 있는 건 더 끔찍한 고통이라고 생각하거든요.

혼자는 외롭고, 타인은 힘들고……. 이것이 자립과 상대와의 일체감이라는 두 가지 욕망이 부딪치는 고슴도치의 딜레마입니다. 친밀감을 쌓으려면 서로 상처를 받을 수밖에 없으니 인간관계는 '신중한 행동'과 '약한 관계'가 바탕이 되어야 합니다. 따라서 타인과 관계를 맺을 때 상대에게 피해 주지 않고 상처받지 않으면서 적당히 거리를 두며 잘 지내는 '관계 연습'이 필요합니다.

그리스 철학자 디오게네스가 이런 말을 했어요.

> 사람을 대할 때는 불을 대하듯 하라.
> 다가갈 때는 타지 않을 정도로,
> 멀어질 때는 얼지 않을 정도로.

지혜로운 관계는 거리 두기의 기술로 만들어집니다. 타인에게 상처받을까 봐 너무 겁내지 않아도 됩니다. 내가 그를 찌를 수도 있고, 그가 나를 찌를 수도 있어요. 하지만 머리를 맞대고 함께 추위를 견뎌야 하는 날도 있습니다.

인간관계는 나무가 성장하면서 꽃을 피우고, 때로는 병충해에 시달리기도 하면서 마침내 열매를 맺는 것과 같아요. 그러면 타인과 원만한 관계를 맺으려면 어떻게 해야 할까요? 건강한 관계를 만들면서도 나를 지키는 방법은 무엇일까요?

거리 두기와 가지치기

나의 자존감을 짓밟고, 수시로 내 감정에 상처를 주는 사람 중에는 직장 동료나 가족이 많습니다. 산불의 확산을 줄이는 데는 3미터 이

상의 나무 간격이 도움이 된다고 합니다. 가족 간에도 서로에게 기대치를 낮추고 각자의 세계를 존중해주면서 마음의 거리를 두는 것이 필요합니다.

저는 한때 제주도에 있는 분재예술원에서 분재 만들기를 공부한 적이 있습니다. 나무를 화분에 옮겨 심고 줄기와 가지를 다듬어서 아름답게 연출해낸 분재는 예술 작품이 됩니다. 정교하게 가지치기를 한 나무에서는 꽃이 풍성하게 피고 열매가 주렁주렁 열리죠. '내가 원하는 최상의 모습'으로 나무를 키워내는 비결은 '가지치기의 기술'이었습니다.

가지치기를 할 때는 엄격한 기준을 따라야 합니다. 불필요한 가지를 쳐내고 상처 나고 찢어진 나무껍질은 조심스럽게 손질해야 합니다. 그래야 새로 잎이 나는 줄기가 잘 자랍니다. 가지치기를 잘못하면 꽃과 열매, 잎을 잃고 병충해에 시달리게 됩니다.

인간관계도 똑같습니다. 나의 자존감을 짓밟고, 수시로 내 감정을 상하게 하는 관계는 가지치기를 해야 합니다. 꽃도 없고 열매도 없는 관계는 시간과 감정을 낭비할 뿐 아니라 내 존재의 뿌리까지 썩게 만들기 때문입니다. 잘라내면 혼자가 될까 봐 두려운가요? 걱정하지 마세요. 그 자리에 새롭고 이로운 관계가 열매 맺을 테니까요.

누구나 인간관계는 두렵다

우리가 진심으로 원하는 것은 관계 속에서 상처받지 않고 행복해지는 것입니다. 상처받을까 봐, 거절당할까 봐 두려워서 관계를 끊고 싶을 때도 있습니다. 관계 속에서 배신당하고 상처받고 실망할 때도 있지만 우리는 관계 속에서 위로를 받고 다시 힘을 얻기도 합니다. 우리는 보이지 않는 끈으로 연결되어 있어요. 연결의 끈을 견고하게 하는 힘은 내 마음에서 나옵니다. 내 감정을 알아차리는 일에 섬세하게 깨어 있지 않으면 누구와도 연결될 수 없습니다.

　나를 힘들게 하는 상대방의 말과 행동은 내가 바꿀 수 없지만 그에 대한 나의 반응은 바꿀 수 있습니다. 서로 공감하고 존중하면서 연결되고 싶다면 먼저 내 마음에 집중해야 합니다. 내 마음에 공감하지 못하는 사람은 남의 마음에도 공감할 수 없어요. 눈치를 보거나 관계의 피곤함에 시달리거나 관계를 끊고 싶어집니다.

　정신의학자이자 『죽음의 수용소에서』의 저자 빅터 프랭클은 우리는 스스로 자기감정의 주체가 되어야 한다고 말합니다.

> 자극과 반응 사이에는 공간이 있다. 그 공간에는 자신의 반응을 선택할 수 있는 자유와 힘이 있다. 그리고 우리의 반응에 우리의 성장과 행복이 좌우된다.

　프랭클이 말하는 공간은 자극과 반응의 완충 지대입니다. 어떻게 반응할지 선택할 자유와 힘은 나에게 있습니다. 침착하게 내 마음에 집중할 수 있다면, 우리는 자극과 반응 사이에 안전한 공간을 만들 수 있습니다. 관계를 살리는 말과 행동을 선택할 수 있습니다.

　시간이 지나고 후회했던 말과 행동들을 떠올려보세요. 아마도 상대에게 자극을 받고 자동으로 반응했던 말과 행동이 대부분일 거예요.

　'그때 나도 너무 짜증이 나서 지나치게 화를 냈어.'

　'그때 너무 흥분해서 내가 말을 심하게 했어.'

　'그 순간 너무 화가 나서 이성을 잃었어.'

　'지금 생각해보니 별것도 아닌데 내가 왜 그렇게 반응했는지 후회가 돼.'

　그때 잠시만 멈출 수 있었다면, 내가 정말 원하는 게 무엇인지 알아차릴 수 있었다면 더 나은 반응을 선택할 수 있었을 거예요. 나의

행복을 방해했던 말과 행동들, 연결의 고리를 끊어놓았던 말과 행동
들을 반복하지 않으려면 용기가 필요합니다.

가령 너무 화가 나서 참을 수 없을 때가 있습니다. 화 자체는 나쁜
게 아니에요. 화를 다루는 방법이 문제지요. 일단 화가 나면 합리적
사고가 불가능합니다. 그러니 화가 나면 그 장소에서 도망치세요. 심

리학자들은 '3분'을 강조합니다. 최소 3분 이상 그 공간에서 떨어져 있는 게 도움이 됩니다. 화가 난 장소에 머물러 있거나, 내가 화나도록 자극을 준 사람과 같은 공간에 있으면 잠시 멈추고 마음에 집중하기가 어렵고 화는 점점 더 커집니다. 멀리 갈수록 좋고 뛰어가면 더 좋습니다. 화를 가라앉힌 뒤에 나의 마음에 집중해보는 겁니다.

자극과 반응 사이의 공간에서 내 감정의 주체로 살아왔는지 생각해보아야 합니다. 불쾌한 감정에 자동으로 반응하는 대신 잠깐 멈추고 내 마음에 집중해보세요. 감정을 다루는 반응 유연성이 향상됩니다.

반응 유연성이란, 행동하기 전에 잠깐 멈추는 자기조절 능력을 말합니다. 반응 유연성이 없다면 분노, 짜증, 모멸감, 수치심, 두려움, 불안함, 억울함과 같은 강렬한 감정 자극을 받을 때 자동으로 반응하게 되죠. 무슨 감정이 일어나는지 알아차리고 잠시 멈추는 기술은 얼마든지 배우고 익힐 수 있습니다. 사이가 나빠진 동료와 한 팀에서 일하다 보면 자주 감정이 상할 겁니다. 나의 자존심을 건드리는 상대에게 참고 참다가 어느 순간 욱해서 언성을 높이고 싶을 때, 잠깐 멈추고 나의 욕구를 관찰하는 용기를 내야 합니다. 불쾌한 감정 때문에 자동으로 반응했던 나의 행동을 멈추면 진정으로 내가 원하는 말과 행동을 선택할 수 있습니다.

> 고통스러운 감정은 우리가 그것을 명확하고 확실하게 묘사하는 바로 그 순간에 고통이기를 멈춘다.

스피노자는 『윤리학』에서 고통스러운 감정이 밀려올 때는 그 감정을 상세히 묘사해보라고 했습니다. '나의 마음속에서 일어나는 감정'을 알아차리는 과정이지요. 그러고 나서 감정을 조절하고 말과 행동을 '선택'해야 합니다.

감정 조절은 '감정으로 인한 말과 행동을 조절하는 것'입니다. 감정을 있는 그대로 배설하는 사람은 누구의 공감도 얻지 못합니다. 인간관계, 조직생활의 기술을 익히는 첫 단계는 감정을 다루는 것입니다.

감정은 경험 속에서 만들어집니다. 내가 자주 느끼는 감정, 나를 힘들게 하는 감정이 무엇인지 알아차리고, 그 감정을 객관적으로 거리를 두고 관찰해보세요.

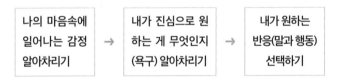

상담실에 모녀가 앉아 있습니다.

같은 집에 살지만 문자로만 대화한 지 3년이 넘었고, 열 살 이후로는 스킨십을 한 기억도 없습니다. 상담실에 차를 타고 오는 30분의 동행 시간을 견딜 수 없어서 딸은 버스를 타고 엄마는 택시를 타고 왔습니다. 이렇게 서로가 힘든데 상담은 어떻게 신청하게 되었는지 문자 딸이 말합니다.

"이대로 살다간 가슴이 터져 죽을 것 같아서요. 부모님은 제게 너무 큰 상처만 주셨어요. 관계를 정리하고 떠나고 싶어요. 다음 주에 박사과정 공부를 하러 영국으로 출국해요. 가족관계가 이렇게 힘드니까 대인관계도 늘 공포스러워요. 더 이상 상처받고 싶지 않아요."

"마음 아픈 일들이 많았어요?"

"아버지가 아주 폭력적이에요. 자라는 내내 많이 맞았어요. 안 맞으려고 방문을 잠그면 방문을 부쉈어요. 그리고 경찰을 불렀어요. '네 성격이 지랄 맞아서 통제가 안 되니 경찰한테 한번 혼나봐라!' 제 편은 아무도 없었어요. 더 나쁜 건 엄마예요. 제 고통을 방관했어요. 무려 30년 동안이나."

엄마는 말없이 눈물만 흘립니다.

"부모님에 대한 감정을 단어로 표현할 수 있겠어요?"

테이블에 펼쳐놓은 감정단어 카드를 한참 바라보던 딸은 세 장의 카드를 골랐습니다. 아버지에 대한 감정은 '위협'과 '고통', 엄마에 대한 감정은 '배신감'이었습니다.

"아버지는 나를 위협하고 고통을 주는 존재예요. 화해의 가능성은 없어요. 엄마는 나를 한 번도 보호해주지 않았으니까 배신감이 들어요."

엄마도 딸에 대한 감정 카드를 골랐어요. '미안함'과 '죄책감'이었습니다. 딸은 가슴을 움켜쥐고 울기 시작했어요. 이번엔 욕구 카드에서 자신의 욕구를 골라보도록 했습니다. 딸은 '형벌'과 '공감'을 골랐고, 엄마는 '화해'를 골랐습니다.

"아버지는 벌을 받았으면 좋겠어요. 엄마는…… 말하기 싫어요."

엄마가 어렵게 말문을 열었습니다.

"용서해줘. 깜짝 놀랐어. 네 마음이 이런 줄 몰랐어. 엄마도 아버지의 불같은 성격이 무서웠어. 늦었지만 지금부터라도 네 편이 되어줄게. 네 마음에 공감해줄게. 엄마가 노력할게."

두 사람은 제 맞은편에 앉아 어린아이처럼 엉엉 울었어요.

"두 분 다 서로 사랑하잖아요. 잘 지내고 싶잖아요. 화해하고 싶잖아요. 한 번도 서로가 진심으로 원하는 걸 말하고, 행동하지 못했을 뿐이에요. 이제 용기를 내어 구체적으로 실천하면 됩니다. 서로 마주보세요. 엄마한테 진심으로 원하는 걸 말해보세요."

"엄마…… 안아줘."

두 사람은 20년 만에 끌어안고 통곡을 했습니다. "미안해, 미안해"를 반복하면서.

평소에 자극과 반응 사이의 공간에서 나의 감정과 욕구를 알아차리고, 내가 원하는 반응(말과 행동)을 선택하는 연습을 글로 쓰면서 해보세요. 내 감정이 자극을 받아서 부정적인 감정이 생겨나면 가장 먼저 좌뇌의 기능이 떨어집니다. 이때 글을 쓰면 좌뇌를 자극해서 내 감정과 욕구를 조금은 객관적으로 파악하고 좋은 반응을 선택하는 데 도움이 됩니다.

지금 나를 자극하는 상황과 사람들이 곧 나를 성장시키는 자양분이라고 생각해보세요. 내 마음을 잘 다스리는 주체로 성장하면서 주변 사람들과 편안하게 연결될 것입니다. 우리는 자신의 반응을 선택하는 힘을 키울 수 있습니다.

1. 나의 마음속에 일어나는 감정 적기

예: 짜증, 분노, 섭섭함, 원망…

_____

_____

2. 내가 진심으로 원하는 게 무엇인지(욕구) 알아차리기

예: 존중받고 싶다. 잘 지내고 싶다. 소통하고 싶다. 내가 진심으로 원하는 게 무엇인지 상대가 마음 상하지 않게 잘 표현하고 싶다.

_____

_____

3. 내가 원하는 반응(말과 행동) 선택하기

예: 두렵다고 피하지 말고, 용기 내어 내가 먼저 말 걸기. 나에게 너무 부담되는 부탁은 지혜롭게 거절하기. 내가 먼저 웃으면서 인사하기.

_____

_____

나는 왜 늘 상처받는 걸까

사람들이 심리학에 관심을 갖는 이유는 간단합니다.

저 사람은 왜 저럴까? 내 마음은 왜 이럴까? 상대를 이해하고, 내 마음도 이해하고, 나아가 상대에게 내 마음을 이해받고 싶기 때문입니다. 상대를 이해하면 내가 받는 상처가 줄어듭니다. 하지만 상대를 이해하기란 쉬운 일이 아니지요.

인간을 이해하는 가장 기본적인 방법은 '입장을 바꿔보는 것'입니다. 인정하고 싶지 않지만, 나에게 큰 상처를 주고 원수처럼 멀어진 사람도 그 사람의 입장에서 말을 들어보면 이해되는 면이 있습니다. 상처는 지극히 주관적인 해석에서 비롯됩니다.

가슴에 칼처럼 꽂혀서 오랜 시간 동안 피를 흘리게 하는 말이 있습니다. 같은 상황에서도 누군가는 "그 사람이 나에게 상처를 줬다"

라고 말하고, 누군가는 "내가 그 사람에게 상처를 받았다"라고 말합니다. 비슷한 말인 것 같지만 차이가 있습니다. 전자는 그를 '의도한 가해자' 나를 '피해자'로 확정 지은 말입니다. 후자는 그가 나에게 상처를 주려고 의도한 것일 수도 있지만 아닐 수도 있다는 여지를 남기고 있습니다. 내가 마음이 힘든 상태여서 예민하게 상처로 받아들였을 수도 있겠고요.

예전에는 '그가 나에게 상처를 줬다'고 확정 지었던 일들이 시간이 지나고 돌아보면, 당시에 내가 자존감이 너무 낮아진 상태여서, 몸이 아팠던 시기여서, 집안에 우환이 생긴 시기여서 예민하게 받아들이고 마음의 문을 닫은 경우가 꽤 있지요. 지나치게 섭섭한 마음이 들어서 관계를 끊은 경우도 있고요. 뒤늦게 후회도 하고 미안한 마음이 들기도 하지요.

시간이 지나고 그에게 용기 내어 물어보면, 그는 내게 상처 줄 의도가 전혀 없었다며 놀라는 경우도 있습니다. 나 또한 누군가에게 그런 말을 했는지 기억조차 나지 않는데, 내 말에 상처받고 힘들었다는 사람도 만납니다.

이렇게 상처는 상대가 의도하지 않아도, 내가 의도하지 않아도 서로의 가슴에 독화살처럼 꽂혀서 피를 흘리게 하기도 합니다. 이럴 땐 진심 어린 사과만이 그의 상처를 아물게 할 수 있어요. 용기를 내야 합니다. 용기를 내서 진심을 전했는데도 관계가 회복되지 않는다면……

괜찮습니다. '우리의 인연이 여기까지구나' 하고 생각하면 그만입니다. 중요한 건 용기 내어 나의 진심을 전달했다는 거예요. 설령 관계가 끝나더라도 최선을 다했으므로 후회가 없습니다. 당장은 아니더라도 시간이 많이 지난 뒤에 상대가 다시 마음의 문을 여는 경우도 있습니다. 상대가 너무 속이 좁았다고 사과를 한다면 웃으면서 너그럽게 받아주면 됩니다. 이런 경험을 통해서 점점 더 성숙하게 관계를 맺을 수 있습니다.

성별, 연령, 직업에 상관없이 사람들은 '관계에서 상처받지 않는 법'을 알고 싶어합니다. 하지만 불가능해요. 인간관계에서는 누구나 상처를 주고받으니까요.

사람들은 내 기준에서 타인을 받아들입니다. 상대의 말을 상대의 입장에서 해석해서 듣는 연습을 하지 않으면 내 마음이 지옥이 됩니다. 상처도 마찬가지예요. 상대의 의도와는 다르게 큰 상처가 되는 말들이 있지요. 내가 상처받는 진짜 이유는 나의 주관적인 '해석' 때문입니다.

서로 주고받는 상처에 관대해지는 연습이 필요합니다. 인간관계를 두려워하는 사람들의 공통점은 한 번의 실패를 크게 받아들이고, 일반화한다는 거예요.

"나는 인간관계를 못해. 이렇게 정성을 들인 관계도 하루아침에 끊어지는데 이젠 자신 없어. 사람이 두려워. 관계가 피곤해."

이렇게 생각하고 마음의 문을 닫는 경우가 많아요. 우리는 매일 사람을 만나고 헤어지면서 살아요. 내가 평생 만나는 사람은 수천 명일 수도 있고, 수만 명일 수도 있습니다. 그 많은 사람들 중에서 소수와 갈등이 생긴다고 해서 그 사건을 내 인생에 일반화해서 적용해선 안 됩니다.

인간관계에서 문제가 생긴 것은 운전하다가 접촉사고가 난 것과 같습니다. 상대의 과실로 부딪힐 수도 있고, 내가 부주의해서 앞차를 추돌할 수도 있고, 쌍방 과실로 사고가 나기도 합니다. 운전자들은 잘못이 없지만 사고가 나도록 상황이 조성될 때도 있어요. 천재지변처럼요. 인간관계에서 갈등이 생기는 것도 마찬가지예요.

학교에서, 군대에서 따돌림당한 뒤로 트라우마가 생겨서 사회생활을 두려워하는 사람들을 상담해보면 이런 말을 합니다.

"사람들은 다 저를 싫어해요. 저는 항상 왕따당해요. 더 이상 상처받기 싫어서 혼자가 편해요."

첫 직장에서 인간관계 때문에 혹독한 고생을 한 사람들은 다음 직장에 가서도 힘들어하는 경우가 많아요.

"저는 직장생활 부적응자인 것 같아요. 직장에서 인간관계가 늘 너무 힘들어요."

한 번 사고가 났다고 해서 매일 사고가 날까요? 평생 사고가 날까요? 아닙니다. 과거의 한때 일어난 일이고 지나간 사건일 뿐이에요. 비슷한 상황만 생겨도 지레 겁먹고 도망치는 마음이 자신을 힘들게 하는 경우가 더 많습니다.

어느 날 냉면이 너무 먹고 싶어서 혼자 밥을 못 먹는 사람인데도 냉면집에 갔습니다. 그런데 용기 내어 간 보람도 없이 맛이 너무 없는 겁니다.

"아, 나는 냉면이랑 인연이 없구나. 냉면 먹으면 안 되는 사람이야. 이제 냉면 먹지 말자."

이 집 냉면이 맛없다고 세상의 모든 냉면이 맛없겠어요? 세상의 모든 냉면과 인연이 없다고 단정 지으면 평생 맛있는 냉면을 먹을 기회를 놓칠 수 있습니다. 그 수많은 기회를 말이지요. 오늘은 그저 운이 없어서 맛없는 냉면을 먹게 된 것뿐입니다.

음식도 사람도 취향의 문제

마음속에 '사람들이 나를 싫어할지도 모른다'는 불안감이 있으면 인간관계가 힘들고 늘 전전긍긍하게 됩니다. 설령 실제로 남이 나를 싫어한다 하더라고 너무 괴로워할 것 없습니다. 그 사람 취향이라고 생각하세요. 살다 보면 이유 없이 그냥 싫은 사람도 있잖아요. 나와 성향이 많이 다르면 서로의 잘못이 없어도 싫을 수 있는 겁니다.

저는 소주가 너무 맛없어서 못 마셔요. 그 맛없는 걸 사람들이 왜 마시나 이해가 안 될 정도예요. 그런데 어느 날 소주가 내게 와서 울면서 말합니다.

"내가 너한테 뭐 잘못했는데? 맥주는 좋아하면서 왜 나는 싫어하는데?"

이렇게 말하는 소주한테도 문제가 있어요. '모든 사람이 나를 좋아해야 한다'는 나르시시즘에 빠져 있는 거지요.

"넌 소주 안 좋아하는구나. 내가 얼마나 맛있는데! 맥주보다 나를 더 좋아하는 사람도 많으니까 괜찮아. 소주를 싫어하는 건 네 취향이니까."

이것이 건강한 사고방식이에요. 인간관계에서 유독 상처를 많이 받는다면, 사소한 말 한마디 표정 하나에도 예민하게 반응하고 마음이 잘 상한다면 이전에 받은 상처에서 헤어나지 못하고 있는 상태일지 모릅니다. 그때 일어난 한 번의 사고를 일반화해서 내 인생 전체에 적용하지 마세요. 과거의 상처, 절망, 결핍감에서 생긴 피해의식은 나의 책임을 타인에게 전가하려는 태도로 나타납니다. 가족을 탓하고 타인을 탓하고 세상 전체를 탓하며 푸념에 빠지게 됩니다. 심리학에서는 이를 '피해자의 역할'이라고 정의하는데, 모든 관계를 맺을 때 자신을 피해자의 역할에 놓기 때문에 책임을 회피하고 자신의 고통과 불행의 원인을 상대에게서 찾으려고만 합니다.

최초의 좌절을 겪은 시기와 그 경험을 복기하고 상황을 구체적으로 재해석하는 과정을 거치면 새로운 경험이 탄생할 수 있습니다.

'모든 사람이 나에게 잘 대해주면 좋겠다, 친절하면 좋겠다'는 생각을 버려야 합니다. 환상이에요. 그래야 혼자 기대하고 혼자 상처받는 일을 피할 수 있어요.

'저 사람이 나를 싫어하는 것 같아' '저 사람이 나를 싫어하면 어떡하지?' 하고 관계에 두려운 마음을 갖는 건 '거부에 대한 두려움' 때문인데 두려움은 불안이 되고 불안은 타인의 눈치를 보게 만들고 관계에 끌려다니게 만듭니다. 그리고 끌려다니다가 지쳐서 관계 자체를 거부하게 되는 것입니다. 인간관계에 대한 연구를 살펴보면 이렇게 요약할 수 있어요.

실제로 나를 싫어하는 사람은 내 예상보다 적다.

이 사실을 아는 것이 중요합니다. 막연한 불안과 두려움이 몰려올 때는 이 문장을 소리 내어 읽으세요. 두려움에서 벗어나는 '심리적 마음가짐' 연습에 도움이 됩니다.

우리는 사람에게 상처를 받지만 사람을 통해서 그 상처를 치유받기도 합니다. 잊기에는 너무 아픈 상처가 아직 남아 있다면, 그 사람 얼굴이 떠오르거나 얼굴을 마주치면 심장이 뛰고 하루가 무너진다면, 좋은 사람들과의 만남으로 그 자리를 채워나가면 됩니다. 내 마음을 잘 이해해주고, 함께 있으면 마음 편한 사람들에게 문자도 보내고 목소리도 들으세요.

"갑자기 생각나서 전화했어. 네 목소리가 듣고 싶어서. 밥 먹었어? 잘 지내지?"

전화를 받는 사람은 무척 행복해하며 나에게 행복한 에너지로 화답해줄 겁니다. 이렇게 소통할 수 있는 친구 다섯 명만 있어도 우린 잘 살 수 있어요. 좋은 사람들과의 소통이 늘어날수록, 관계에서 얻은 상처에 새 살이 돋아납니다.

고전에서 배우는 관계 맺기의 지혜

　　우리가 사회생활을 할 때 꼭 필요한 '말' '관계' '마음가짐'에 대
한 지혜를 『명심보감』에서 찾아보았습니다. 『명심보감』〈정기편〉에
나오는 자허원군의 글입니다.

　　복은 청렴하고 검소한 데에서 나오고, 사람다움은 몸을 낮추고 겸
　　손한 데에서 생겨난다. 도리는 평안하고 고요한 마음에서 나오고,
　　생명은 사람들과 어울릴 때 조화롭고 즐거운 데서 생겨난다. 근심
　　은 욕심이 많은 데에서 생겨나고, 재앙은 탐욕이 많은 데에서 나오
　　고, 허물은 경솔하고 교만한 데에서 생겨나고, 죄악은 타인을 사랑
　　하지 못하는 데에서 나온다.

눈을 경계하여 다른 사람의 그릇됨을 보지 말아야 하고, 입을 경계하여 다른 사람의 단점을 말하지 말아야 하고, 마음을 경계하여 탐욕을 부리거나 화내지 않아야 하고, 몸가짐을 경계하여 나쁜 친구를 따르지 않아야 한다.

쓸모없는 말은 함부로 하지 말고, 자신과 관계없는 일에는 절대로 함부로 끼어들지 마라. 임금을 높이고, 부모에게 효도하며, 어른을 공경하고, 덕 있는 사람을 받들며, 현명한 사람과 어리석은 사람을 구별하고, 무지한 사람을 너그럽게 용서하라.

순리에 따라오는 일은 거부하지 말고, 이미 지나가버린 일은 억지로 뒤쫓지 말고, 좋은 시기를 만나지 못했다면 요행을 바라지 말고, 일이 이미 지나갔다면 생각하지 마라. 총명한 사람도 귀 막히고 눈 어두울 때가 많고, 미리 계획을 잘 세우는 똑똑한 사람이라 할지라도 원래의 계산에서 벗어날 수 있다.

다른 사람에게 손해를 끼치면 자신도 손실을 입고, 세력에 의존하면 재앙이 잇달아 따라온다. 이런 점을 경계하는 것은 내 마음에 달려 있고, 지키는 것은 의지에 달려 있다. 절약하지 않으면 집안이 망하고, 청렴하지 않으면 지위를 잃는다.

말

다른 사람의 단점을 보지도 말고 말하지도 말아야 합니다. 꼭 필요한 말이 아니면 절제하고, 나와 관계없는 일에 함부로 참견하지 말아야 합니다. 『명심보감』〈언어편〉에 나오는 말입니다.

군평이 말했다.
입과 혀는 재앙과 우환이 들어오는 문이요, 몸을 상하게 하는 도끼와 같다.

재앙과 우환의 불씨는 모두 말입니다. 타인을 상하게 하는 나쁜 말을 내뱉지도 말고 전하지도 말아야겠습니다.

다른 사람을 이롭게 하는 말은 솜같이 따뜻하고, 다른 사람을 아프게 하는 말은 날카로운 가시와 같다. 다른 사람을 이롭게 해주는 한마디 말은 소중함이 천금과 같고, 다른 사람을 아프게 하는 한마디 말은 칼로 도려내는 것과 같은 고통을 준다.

여러분은 타인을 이롭게 하는 말을 하는 사람인가요, 아프게 하는 말을 하는 사람인가요? 가시 같은, 칼 같은 말을 버리고, 타인을 이롭게 하는 따뜻하고 귀한 말을 해야겠습니다.

사람을 만나 대화할 때는 말을 10분의 3만 해야 하고, 진짜 속마음을 다 이야기해서는 안 된다. 호랑이 세 마리의 입을 두려워 말고, 두 개의 모습을 가진 사람의 마음을 두려워해야 한다.

처세술이 구체적으로 제시된 문장입니다. 대화를 할 때 왜 10분의 3만 말하라고 했을까요? 사람의 이중성을 경계해야 하기 때문입니다. 호랑이 세 마리에게 잡혀 먹히는 것보다 더 무서운 것이 사람이 가진 두 개의 마음, 즉 이중성입니다. 상대의 이중성을 파악하려면 말을 줄이고 그의 말을 많이 들어야 합니다. 사람을 쉽게 믿고 속마음을 털어놓는 사람들이 있습니다. 소문이 나면 사람을 잘못 본 나에게도 잘못이 있습니다. 『명심보감』〈입교편〉에는 이런 말이 있습니다.

장사숙이 좌우명에 이렇게 썼다.
모든 말에는 반드시 진실함과 믿음이 있어야 하고, 모든 행동에는 반드시 돈독함과 조심함이 있어야 한다.
평소의 자기다움은 반드시 굳게 지키고, 일을 승낙할 때는 반드시 신중하게 생각해서 응답해야 한다.
다른 사람의 좋은 점을 보았을 때는 자신에게서 나온 듯 여기고, 다른 사람의 나쁜 면을 보았을 때는 자신의 병인 듯 여겨야 한다.

말을 할 때는 진실함, 믿음, 신중함을 잊어서는 안 됩니다. 책임지지 못할 말을 해서도 안 됩니다. 타인의 장점을 발견하면 본받아서 나의 장점이 되도록 하고 타인의 단점을 보았을 때는 지적하고 평가할 것이 아니라 나에게는 그런 점이 없는지 나 자신을 살펴보아야 합니다.

관계

사람을 사귈 때는 어리석은 사람을 멀리하고 현명한 사람과 가까이 지내며, 무지한 사람은 미워하지 말고 너그럽게 감싸주어야 합니다.
『명심보감』〈정기편〉에는『명심보감』전체에 나오는 말, 관계, 마음가짐에 대한 핵심이 정리되어 있습니다.

> 소강절이 말했다.
> 다른 사람들이 나를 험담하는 것을 듣더라도 즉시 화를 내서는 안된다. 다른 사람들이 나를 칭찬하는 것을 듣더라도 곧 기뻐해서는 안 된다. 다른 사람의 나쁜 점을 듣더라도 동조해서는 안 된다. 다른 사람의 좋은 점을 들으면 적극 동조하고 따르며 기뻐하라. 좋은 사람 만나기를 즐거워하고, 좋은 일 듣기를 즐거워하라. 좋은 말을 하는 것을 즐거워하고, 좋은 뜻을 행하는 것을 즐거워하라.

다른 사람에 대해 좋은 말을 들었을 때만 동조하고 기뻐해야 합니다. 험담에는 무시하기가 답입니다. 나에 대한 말이든, 타인에 대한 말이든 마찬가지예요. 『명심보감』〈정기편〉에서 소강절 선생은 이런 말도 덧붙였습니다. "나의 착함을 말해주는 사람은 곧 나의 적이요, 나의 좋지 못함을 말해주는 사람은 곧 나의 스승이다." 여기서 칭찬해주는 사람은 아부에 가까운 말을 하는 사람입니다. 기뻐하는 모습을 보이면, 나 또한 험담의 대상이 될 확률이 높지요. 좋은 사람들을 사귀며 좋은 대화만 주고받으며 좋은 뜻을 행하는 데 힘쓰는 게 좋은 관계를 맺는 것입니다. 말과 관계, 모두에 해당하는 문장입니다.

『명심보감』〈계성편〉에 나오는 말입니다.

> 나쁜 사람이 좋은 사람을 꾸짖거든 좋은 사람이라면 일절 대꾸해서는 안 된다. 대꾸하지 않는 사람은 마음이 맑고 여유로운데 꾸짖는 자는 입에서 열불이 난다. 이는 마치 사람이 하늘을 향해 침을 뱉으면 도로 자기 몸에 떨어지는 것과 같다.
> 내가 만약 다른 사람에게 욕을 듣더라도 거짓으로 귀먹은 척하며 시비를 가려 말하지 마라. 비유하자면 이는 불이 공중에서 타오르다가 끄려고 하지 않아도 저절로 꺼지는 것과 같다. 내 마음은 텅 빈 공중과 같거늘 너의 입술과 혀만 나불거릴 뿐이다.

앞에서 소강절이 말한 내용을 더 구체적으로 언급하고 있네요. 타인에게 나쁜 말을 내뱉는 사람들은 그로 인해 결국 자신이 공격받습니다. 혀에 불이 붙어서 혼자 떠들다가 혼자 꺼지기 마련이니 무시하면 되겠습니다. 『명심보감』〈성심편〉에 나오는 말입니다.

사람이 의심스럽거든 결코 쓰지 말고, 일단 사람을 썼으면 의심하지 마라.

함께 일할 사람을 잘 골라서 뽑고, 일단 일을 맡겼다면 믿어야 합니다.

마음가짐

항상 이런 마음가짐으로 살아야 합니다. 지나간 일은 후회하지 말고, 요행을 바라지 말고, 어쩌다 실수하더라도 나 자신을 너그럽게 받아들여야 합니다. 남에게 피해 주지 말고, 아부하지 말아야 합니다. 밖에서 일할 때는 청렴함을 잃지 말고 나의 명예를 지켜야 합니다. 내 마음을 늘 경계하는 의지를 가져야 합니다. 『명심보감』〈안분편〉에 나오는 말입니다.

지나치게 생각을 많이 하면 정신이 상하고, 아무 생각 없이 행동하면 재앙에 이르게 된다.

'지나치게'가 핵심입니다. 걱정 근심이 지나치면 정신이 상합니다. 아무 생각 없이 행동하면 더 큰 문제가 터지겠지요.

> 만족하는 법을 알아서 평소에 만족하며 살면 평생 모욕당할 일이 없고, 절제하는 법을 알아서 제대로 절제하면 평생 부끄러워할 일이 없다.

'만족'과 '절제'를 몸에 익히면, 평생 마음 편하게 살 수 있습니다. 『명심보감』〈존심편〉에는 이런 말이 있습니다.

> 범충선공이 자식들에게 경계하는 말을 남겼다.
> 지극히 어리석은 사람일지라도 다른 사람을 꾸짖는 데는 밝고, 비록 총명한 사람일지라도 자기 자신을 용서하는 데는 어둡다. 너희들은 항상 남을 꾸짖을 때의 마음으로 자신을 꾸짖고, 자기를 용서하는 마음으로 남을 용서한다면 성현의 경지에 이르지 못할 것을 근심할 것이 없다.

타인을 탓하는 마음으로 나 자신을 돌아보고, 나를 용서하듯이 타인의 잘못을 너그럽게 용서한다면 높은 자리에 오르지 못해도 인생 잘 살고 있는 것입니다.

배울 게 많은 좋은 사람도, 나를 힘들게 하는 사람도 나를 성장시키는 좋은 모델이라고 생각하면 모든 관계는 가치 있는 경험이 됩니다. 나에게 독설과 험담을 쏟아내는 사람을 만나면 그 사람 말에 흔들리지 않는 마음 근육을 키울 수 있고, 이중적인 사람을 만나면 앞서 배운 처세술을 적용해볼 수 있고, 나를 싫어하는 사람과 직장에서 함께 일해야 할 때는 불편한 사람과 협력해서 일하는 기술을 배울 수 있습니다.

관계에 질식된 이유

고3 여름방학 이후로 '친구'라는 존재를 만들지 않고 혼자 지내 왔다는 30세 여성 이야기입니다. 명문대를 졸업하고 현재는 7급 공무원으로 일하고 있습니다. 그녀가 저에게 상담을 신청한 이유는 사람과 마주 앉아서 자신의 얘기를 하고 싶어서였습니다.

"거의 10년 동안 혼자 지냈어요. 학교 동기, 회사 동료는 있어도 제 인생에 친구는 없어요. 고등학교 때는 단짝들이 있어서 셋이서 늘 붙어 다녔어요. 그런데 제가 먼저 수시에 합격했고, 친구들은 정시를 위해 수능을 보았는데 성적이 낮게 나왔어요. 갑자기 두 친구가 저를 외면했어요. 저를 투명인간 취급하더라고요. 당황스럽다가 슬펐다가 화가 났다가…… 나중엔 무서웠어요. 정말 용기 내서 내가 뭘 잘못한 게 있느냐고 물었는데, 한 명은 '없어'라고 잘라 말했고,

한 명은 '너 잘난 척하는 거 보기 싫어서'라고 비웃듯이 말했어요. 학교에 가는 게 공포였어요. 저는 잘나지도 않았고 잘난 척을 한 것 같지도 않은데……. 어쨌든 제 잘못이 너무 큰 것 같아서 '너는 미움받아도 싸다'라며 제 자신을 학대했던 것 같아요. 아버지가 군인이어서 저는 다섯 번이나 전학을 했어요. 친구 한 명 사귀는 게 저에겐 큰 숙제이자 두려움이었고, 친구는 내가 잘 보여야 하는 대상이었죠. 그 뒤론 사람을 사귀는 게 두려워서 혼자 지냈어요. 초조하게 눈치 보고 버림받을까 봐, 실수할까 봐 불안해하지 않아도 되니까 혼자가 편해요. 관계에 질질 끌려다니지 않아도 되니까. 어차피 저는 매력도 없고 호감형도 아니어서 다가오는 사람도 없어요. 가끔 누구에게라도 내 얘기를 하고 싶으면 돈 내고 상담을 받아요."

이 여성은 인간관계에서 겪은 트라우마가 커서, 사람들이 모두 자신을 싫어할 거라고 단정하고 스스로 외로운 섬이 되는 길을 택했습니다. 눈치 보고, 두려움에 떨다가 관계에서 도망쳐버린 거죠. 하지만 혼자는 외로워요. 결국엔 사람과 마주 앉아 자기 얘기를 하고 싶어서 상담실을 찾아온 그녀의 마음속에는 사람들과 관계를 맺고 싶은 욕구가 있었습니다.

그녀가 겪은 최초의 좌절 경험을 찾고, 기억을 재생하면서 재해석하는 연습부터 시작했습니다. 질투하고 부러워하는 친구들의 마음을 이해하면서도 외면당하는 게 두려워 너무 멀리, 너무 빨리 달아나버린 자신을 발견하고, 이제는 그 친구들이 어디서 어떻게 사는지 찾아보고, 그때는 왜 그랬는지 물어보고 싶다는 욕구, 연결되고 싶다는 욕구를 표현하기 시작했습니다. 그녀가 조금 더 용기를 내면, 관계의 새로운 경험이 탄생할지도 모릅니다.

누구나 관계에 서툴다

사람들은 대부분 인간관계에 서툴러요. 두려움도 갖고 있죠. 사람은 인간관계를 두려워하거나 자신이 인간관계를 두려워한다는 걸 모르고 있거나, 둘 중 하나예요.

관계가 두려워서 불안과 초조함을 호소하는 사람들은 공통점이 있어요. 완벽주의 성향이 강해서 자신과 타인 모두에게 엄격한 기준을 적용하고 있다는 것입니다. 완벽주의 성향이 강한 사람들은 머리로 자신의 문제를 인식하는 능력은 뛰어난데 상담을 해도 잘 받아들이지 못합니다.

자존감은 타인의 부정적 평가 때문에 낮아지기도 하지만, 이미 낮은 자존감이 타인의 평가에 지나치게 민감하게 반응하면서 더 낮아지기도 합니다. 자신의 인격과 능력을 비하하는 사람은 자신의 진짜 재능과 능력을 몰라서 '나'라는 존재에 대해 항상 불안감을 가지고 있습니다. 그렇기 때문에 타인의 평가에 의존하고 예민하게 반응하고 지나치게 상처받고 좌절하는 것입니다. 인지행동이론에 따르면, 만성화된 부정적인 생각이 긍정적인 생각을 차단해버리는데, 이때 감정과 반응이 무의식에서 자동으로 작동합니다.

사람을 만날 때도 부정적으로 해석하는 왜곡이 자동으로 일어나고 상황에 대한 인지 능력, 자신의 대응 능력에 대해서도 '무능하다'고 부정적으로만 해석하기에 '실수'에 대한 불안은 더 커집니다.

다음 문장들을 소리 내어 읽어보세요. 비합리적 신념을 합리적 신념으로 바꾸는 인지행동치료법입니다.

- 나도 당신도 완벽하지 않기 때문에 당연히 실수할 수 있다.
- 실수는 나를 성장시키는 기회다.
- 상황을 냉철하게 바라보고 긍정적으로 해석하자.
- 새로운 도전은 내가 성장할 수 있는 절호의 기회다.

첫째, 자신의 능력 찾기

인지행동치료의 첫 번째 단계는 자신의 능력에 확신을 가지는 것입니다. 그러면 '나는 왜 맨날 이 모양일까?' 하는 자동적 생각을 서서히 멈추게 됩니다. 자기비하는 타인 비하로 이어지기 때문에 자동적 생각이 만성화하는 걸 막아야 해요.

자동적 생각이 만성화하는 이유는 감정과 반응이 '의식'이 아닌 무의식과 전의식에서 자동으로 일어나기 때문입니다. 남과 비교하지 말고 오로지 '내가 잘하는 것'에만 집중해서 나의 장점을 매일 다섯 개씩 써보세요. 어린이를 칭찬하듯, 아주 작은 장점이라도 찾아서 적고, 쉽게 성취할 수 있는 도전을 하고, 도전에 성공한 자신에게 충분한 상을 주세요.

언제 어떤 사건이 나의 자존감을 떨어뜨렸고 인간관계에 두려움을 갖게 했나요? 과거의 사건 때문에 생긴 트라우마가 현재 상황에 계속 개입하고 있는지 묻고 답해보세요. 과거의 상황이 개입한 자동적 감정이 맞는다면 그 고리를 끊어야 합니다. 자동적 감정이 밀려올 때마다 이 문장을 읽으세요.

- 지금 내가 느끼는 불편한 감정은 과거의 상황이 개입된 자동적 감정이야.
- 과거는 이미 지나갔어.
- 현재를 객관적으로 바라보는 힘을 키우자.

이 책을 읽을 때, 나에게 도움이 되는 문장에 밑줄을 긋고 소리 내어 읽으세요. 두려움에서 벗어나는 '심리적 마음가짐' 연습입니다. 실천의 단계로 넘어가봅시다.

1. 내가 미처 알아보지 못한 나의 능력은 무엇인가요?
예: 상대의 말을 잘 들어준다. 화를 잘 안 낸다. 웬만하면 양보한다.

_____

_____

_____

_____

2. 과거의 어떤 일 때문에 자존감이 떨어졌나요?

예: 자랄 때 형제들과 비교당했던 일. 직장 내 괴롭힘을 당했던 일.

_____

_____

_____

_____

관태기에 빠진 사람들

사회생활을 하다 보면 한 번쯤 모든 것에 권태를 느끼는 시기가 찾아옵니다. 일은 물론이고 사람과의 관계에서도 염증과 회의를 느끼지요. 소모적인 인간관계에 지쳐 관태기('관계+권태기'의 합성어)에 빠지면 '자발적 아웃사이더' '나 홀로족'을 선택하게 됩니다. 감정 소비, 시간 소비를 줄이고 혼자의 여유를 즐기며 쉬는 쪽을 택하는 거지요. 상처로 다쳤다기보다는 '인간관계 멀미'를 앓고 있다고 표현하면 적절하겠네요. 인간관계 멀미로부터 해방되고 싶은 욕구는 직장인, 학생 모두 느끼는 감정이기도 합니다.

대개 번아웃과 관태기는 동시에 찾아오는 경우가 많습니다. 반복되는 업무가 지겹다, 직장 내 대인관계로 인한 스트레스 때문에 힘들다, 과도한 업무량과 잦은 야근 때문에 힘들다, 출근할 생각만 하면 마음이 무거워진다, 업무를 열심히 해야겠다는 생각보다 빨리 끝내고 싶다는 생각만 든다, 감정기복이 심해진다, 업무 집중력이 떨어진다 등 이유는 다양합니다.

특히 '인간관계 과부하'에 걸린 사람들이 관태기를 더 많이, 더 자주 겪습니다. 일과 관계된 인간관계는 잘 관리하며 유지하는 지혜를 발휘해야 합니다. 마음이 힘든 상태를 방치하다가는 우울감이 커져서 정말 아무것도 할 수 없는 번아웃 상태에 빠질 위험이 있습니다.

업무 시간에는 '업무'에 지장이 되지 않도록 최선을 다하고, 퇴근하면 '오로지 나를 만나고 충전하는 시간'을 확보해야 합니다. 퇴근 시간 이후에도 '나를 힘들게 하는 인간관계'에 질질 끌려다녀서는 안 됩니다. 회사 동료와 인생 친구를 구별하세요. 회사 동료 중에서 인생 친구로 삼을 만한 사람이 아니라면 퇴근 후에는 관계도 퇴근하세요. 내게 에너지를 충전해주고 자존감을 높여주는 사람이 아니라면 과감하게 멀어져야 합니다.

"저는 혼자 있는 게 편해요. 회사에서도 점심시간에 혼자 밥 먹는 게 마음 편하고요. 당연히 회식도 자연스레 참석하지 않게 되었습니다. 그런데 그때마다 사람들이 자꾸 무슨 일이 있느냐고 물어봐서 곤란하고 힘들어요. 누군가와 이야기를 해야 하는 상황, 사람들이 여럿 모이는 자리는 생각만 해도 피곤합니다."

저에게 상담을 신청한 한 직장인의 이야기입니다.

점심시간에 동료들과 밥 먹으러 나가는 것조차 힘들다면 긴급 처

방이 필요한 상황입니다. 무조건 피하는 건 좋은 방법이 아니에요. 점심 식사를 늘 혼자 하면 남들의 눈에 띄어 관심을 받으니까 식사는 같이하되 가끔 상대의 말에 고개를 끄덕이는 정도로는 반응해주세요. 사람들은 자신의 이야기를 잘 들어주는 것을 좋아하니까요. '나도 이야기를 꺼내야 하지 않을까?' 고민하지 마시고요. 그것만으로도 스트레스는 줄어들 거예요.

회식에 가기 싫고, 생각하는 것만으로도 스트레스가 커진다면 무조건 피하지 말고, 용기를 내어 솔직하게 이야기하세요.

"요즘 제가 마음이 힘들어서 몸도 많이 안 좋아진 것 같아요. 저도 재밌는 이야기 나누고 싶지만 오늘은 양해를 구하겠습니다. 많이 아쉬워요. 혹시 회식에서 업무에 관한 중요한 이야기가 나오면 내일 저에게도 공유해주시면 감사하겠습니다."

혼자 쉴 시간을 확보했다면, 마음과 몸을 충전하는 데 힘써야 한다는 것 잊지 마세요. 보고 싶었던 영화나 드라마도 실컷 보고, 맛있는 요리도 해먹고, 맘껏 '혼자의 시간'을 즐겨야 다시 사람을 만나고 싶은 마음도 생깁니다. 관태기를 겪고 있는 사람들도 마음을 터놓을 수 있는 소수의 사람을 만나는 건 필요해요. 사람으로 인한 스트레스는 좋은 사람들과의 만남을 통해서 해소할 수도 있습니다. 나에게 진심으로 공감해주고 마음 편하게 이야기 나눌 수 있는 친구와 전화로든 문자로든 만나서든 '수다'를 실컷 떠는 건 스트레스 해소에 도움이 됩니다.

좋은 사람 그만두기

38세 나선해 씨는 15년차 직장인으로 어머니와 둘이 살고 있습니다. 언니, 오빠는 결혼해서 집도 사고 딸, 아들 낳고 잘 삽니다. 아파트 대출금을 갚아야 한다며 어머니 용돈은 '무슨 날'에나 들고 옵니다. 어머니 병원비와 용돈, 생활비는 선해 씨가 신용카드로 해결합니다. 어쩌다 보니 가장 역할을 하게 되었는데 이젠 당연한 일이 되어버렸습니다. 어머니에게 '만만한 자식'은 같이 사는 딸뿐입니다.

가끔 오는 장남과 장녀에겐 눈치 보면서 할 말도 잘 못하는 착한 엄마입니다. 가벼운 봉투 하나만 가지고 와도 냉장고가 텅 비도록 음식을 다 싸서 보냅니다. "고맙다, 다음엔 그냥 와라. 나는 필요 없다. 애들한테 돈 많이 들어갈 텐데……"라며 언니와 오빠에겐 고맙고 미안해서 어쩔 줄 몰라 하지만 미혼인 선해 씨 카드는 당연하게 쓰십니다. 막내는 혼자니까, 같이 사니까, 원래 착하니까, 만만하니까……

선해 씨도 별 불만 없이 잘 지내왔습니다. 착한 사람이 좋은 사람이니까, 희생하는 자식이 착한 자식이니까, 말 안 해도 가족들이 알아줄 거니까. 언젠가 알아주기만을 바랐습니다. 선해 씨가 폭발한 건 어머니가 허리를 다쳐서 독박 간병까지 맡게 되었기 때문입니다. 형제들은 '착한 선해'가 알아서 할 거라 믿고 전화로만 엄마를 보살폈습니다.

"나 이제 너무 힘들어. 이제 언니, 오빠가 엄마 병원비도 내고 간병도 해. 나 이제 못해! 나 독립할래!"

착한 사람들의 화병

화병은 어떤 사람들이 걸리는 걸까요? 실제로 화병에 시달리는 사람들을 만나보면, 화를 많이 내는 사람들이 아니라 주변 사람들한테 할 말 못하고 혼자 속 끓이다가 마음이 곪아버린 착한 사람들이 많습니다. 불안감, 우울감, 억울함, 분노 등 나쁜 감정을 분출하지 않고 마음에 쌓아두면 결국 응어리가 되어 몸에도 병을 만들어냅니다.

혼자 너무 많이 희생하는 착한 자식들이 어느 날 폭발해서 가족과 연을 끊어버리는 사례도 있습니다. 착한 사람을 너무 오래 하면 내 마음이 병들어서 관계를 끊어버리고 싶어집니다.

그래서 가족 간에도 적당한 거리 두기가 필요합니다. 자발적인 희생도 혼자 너무 오래 하면 분노가 됩니다. 마음이든 물질이든 내 것을 너무 많이 퍼주고 나면 가족이 미워집니다. 나부터 챙길 줄 알아야 가족을 보살필 힘도 생깁니다. 그건 이기적인 게 아니라 지혜로운 겁니다.

직장에서도 마찬가지입니다. 좋은 사람 되기, 그만두세요. 친절하지만 실속 없이 살고 있는 건 아닌지 점검해보세요. 거절 못하고 다 들어주다 보면 만만한 사람 취급 받기 십상입니다. 어느 팀이건, 자기 일을 남들에게 떠넘기고 자기 일을 제대로 하지 않아 피해를 주는 사람들이 꼭 있습니다.

같은 팀 선배의 부탁을 거절할 용기가 없어 야근까지 하며 해주었더니, 계속해서 일을 떠넘기는 뻔뻔한 사람들이 있습니다. '부탁 잘 들어주는 사람'이라고 한번 소문나면 다른 사람들도 일을 떠넘기기 시작합니다. 두 번, 세 번 꾹 참고 일을 해주면, 다른 팀원들까지 당연하다는 듯 만만하게 부탁을 합니다. 좋은 사람, 착한 사람, 친절한 사람으로 소문은 나버렸는데, 속은 부글부글 끓어오릅니다. 자신이 너무 소모품같이 느껴져 불쾌하지만 거절하지 못해 오늘도 동료가 떠넘긴 일이 책상에 쌓여 있습니다. 직장 안에서는 붙들고 하소연할 사람도 없고, 자칫 불만을 털어놓았다가 겉과 속이 다르다는 말을 들을까 봐 두렵습니다. 속으로 분노가 끓어올라 이제 회사에 가기도 싫습니다. 거절 못하는 나 자신 때문에 몸과 영혼은 너덜너덜해졌습니다. 상담실에 와서 속내를 털어놓습니다.

"저 화병인 거 같아요."

자꾸 참으면 상대는 나를 '저 사람은 원래 순응하는 사람'이라고 믿어버립니다. 어느 날 결심하고 단호하게 거절하면, "왜 내 부탁은 거절하지?"하며 오히려 불만을 갖는 사람도 생겨납니다. 그래서 나를 지키려면 거절하는 기술을 익혀야 합니다. 때로는 감정을 솔직하게 드러내야 합니다.

일을 떠넘긴다는 건 본인이 해야 할 일을 나에게 미루는 거니까 거절해도 다른 사람들이 나를 욕할 일은 없습니다. 내가 꼭 맡아야 할 일이 아니라면 지혜롭게 거절하는 용기를 내야 합니다. 회사에서 늘 좋은 사람이 되려는 욕심을 버리세요.

무지한 사람들이 상처를 준다

무지한 사람은 배우지 못한 사람이 아니라, 자기 자신을 모르는 사람입니다. 배운 사람이라 할지라도 책이나 지식에 매달리거나 권위자가 이해를 시켜주리라고 믿고 의지한다면 어리석은 사람이 되고 맙니다. 이해는 자신의 심리적 과정 전체를 알아차리는 것, 즉 자신에 대한 지식을 통해서 옵니다. 따라서 진정한 의미의 교육은 자기 자신을 이해하는 것입니다.

지두 크리슈나무르티, 『크리슈나무르티, 교육을 말하다』 중에서

내가 어떤 사람인지 수시로 성찰하면서 살아야 하는데 그럴 여유 없이 사는 날이 많습니다. 흔히 마흔이 넘으면 자기 얼굴에 책임을 져야 한다고 하죠? 얼굴뿐이겠습니까. 지식에 대해, 말과 행동에 대

해, 타인을 대하는 매너에 대해, 성격에 대해, 나 자신에 대해 책임을
져야 합니다.

우리 주변에는 두 가지 유형의 사람이 있습니다. 자신이 아는 것
에 대해 지나치게 자신감에 차 있는 사람과 전문가임에도 불구하고
자신의 지식과 판단에 대해 자신이 없는 사람. 전자는 조금 알아도
많이 아는 척하고, 후자는 많이 알아도 아는 게 없다고 말합니다. 목
소리는 전자가 더 큽니다.

직장에서는 이 두 가지 유형이 금방 드러납니다. 지식과 아이디
어가 부족한데도 자기 생각과 주장에 확신이 차 있는 사람과 반대로
필요한 지식과 경험을 갖추고 있음에도 자기주장에 확신이 없어서
한발 물러나 있거나 전자에게 끌려다니는 사람. 사석에서는 정치 이
야기를 해보면 유형 식별이 가능합니다. 대충 아는 사람들이 목소리
가 제일 크고 확신에 차 있습니다.

잘못된 결정을 내리더라도 능력이 없기 때문에 실수를 인지하지
못하는 현상을 '더닝 크루거 효과'라고 합니다. 이런 사람들은 당연
히 부끄러움도 모릅니다. 자신의 무지를 파악하는 능력이 없기 때문
이지요.

1999년 코넬대학교 사회심리학과 교수인 데이비드 더닝과 저스
틴 크루거는 코넬대학교 학부생을 대상으로 유머, 논리적 추론 및
문법 능력을 테스트하는 연구를 수행했습니다. 그리고 참가자들에
게 결과를 보여주기 전에 테스트 예상 점수를 백분위 단위로 적어
내도록 했습니다. 그런데 결과가 흥미롭습니다. 성적이 낮은 사람일

수록 본인의 등수를 높게 예상했고, 성적이 높은 사람은 본인 등수를 낮게 예상했다는 거예요.

무지할수록 자신감이 넘칩니다. 찰스 다윈과 버트런드 러셀도 각각 이런 말을 했습니다.

"무지는 지식보다 더 확신에 차 있다."
"이 시대의 큰 문제는 자신감이 있는 사람은 무지한데, 현명한 사람
들은 늘 의심하고 주저한다는 것이다."

자신이 능력 있다고 오해하는 무지를 경계하려면, 말을 줄이고 공부를 해야 합니다. 하지만 늘 공부하고 연구하는 선배들 중에 '나는 부족하며 다른 사람들이 더 능력 있을 것'이라고 자신을 평가절하하는 사람들을 많이 봤어요. 무지해서 용감한 사람들은 당연히 주변 사람들에게 피해를 주지만, 자신이 능력 없다고 움츠러드는 전문가들도 대중이 얻을 이익을 제공하지 못할 수도 있기에 이 또한 피해를 끼치는 것입니다.

유능하지만 지나치게 신중한 사람들은 중요한 선택을 하지 못해 손실을 불러오기도 합니다. 선택을 하면 성공과 실패 확률은 5:5지만, 선택을 하지 않는다면 성공 확률은 0이기 때문입니다. 『논어』 〈위정편〉에 이런 문장이 있습니다.

책을 읽기만 하고 깊은 생각을 하지 않으면 얻음이 없고, 생각만 하

고 책을 읽지 않으면 위태로워진다.

 책을 읽기만 하고 깊은 사고를 하지 않으면 잘 모르면서도 다 안다고 스스로에게 속기 쉽고, 생각만 하고 책을 읽지 않는 사람은 좋은 판단을 내릴 수 없기에 위태로운 결정을 할 수도 있다는 말입니다. 깊이 생각하고 온전한 나의 지식으로 만들어야겠습니다.
 공자는 남에게 떠벌이기 위해 공부할 것이 아니라 나 자신을 위해 공부하라고 강조했습니다. 이런 자세로 공부하는 사람은 남에게 잘난 척, 아는 척할 필요가 없고, 남이 나를 알아주지 않는다고 해서 서운해하지도 않습니다. 『논어』〈위령공편〉에 나오는 구절입니다.

 군자는 자신의 무능함을 걱정할 뿐이요, 남이 자기를 알아주지 않
 는 것에 신경 쓰지 않는다.

 적당히 알고 확신에 차 있어서 자신의 부족함을 인지하지 못하는 사람은 타인에게 해를 끼칩니다. 지나치게 신중한 나머지 판단을 내리지 못하는 것도 해를 끼칩니다. 관심 분야가 있다면 조용히 공부하고 심사숙고하여 온전한 나의 지식으로 만들고, 판단을 해야 할 때는 신중하되 단호하게 실행해야 합니다.

감정에 무지한 사람이 화를 잘 낸다

무지한 사람은 자기 자신을 모르는 사람입니다. 우리 마음속에는 수시로 불편한 감정이 생깁니다. 내 감정을 잘 다루지 못하면 인간관계에 문제가 생기기 시작합니다. 내 감정은 무엇이며, 이 감정이 왜 생겨났으며, 내가 원하는 것은 무엇인지, 나를 위해서 어떻게 다루고 표현하면 좋을지 알아가는 과정이 나 자신에 대해 알아가는 과정입니다. 불편한 감정을 잘 다룰 줄 아는 사람은 내 감정의 주인으로 살수 있습니다. 이것이 나 자신에 대한, 내 마음에 대한 지식을 쌓아가는 것입니다. 심리학을 공부하고, 내 삶에 적용하는 것은 결국 자기 자신을 이해하는 것입니다. 내 감정과 욕구가 무엇인지 알지 못하는 무지한 사람이 타인에게 상처를 줍니다. 타인에게 걸핏하면 분노를 표출하면서 자신의 감정을 배설하는 것이지요.

저는 이런 상태를 '감정 난독증'이라고 부릅니다. 불편한 감정을 어떻게 처리해야 하는지, 어떻게 해야 자기 마음이 진정될지 잘 해독하지 못하는 거죠. 화를 잘 내는 사람들은 상대방이 먼저 그런 상황을 만들었다고 항변합니다. 하지만 감정의 주체는 자신입니다. 타인이 자극을 줬다 하더라도 어떻게 반응할 것인지는 본인이 선택하는 문제니까요. 동물적 자동 반응을 한다는 걸 본인만 모르는 겁니다.

화를 못 참는 사람들의 특징을 살펴봅시다.

1. 강해져야 한다는 고정관념 때문에 마음이 약해질 때마다 화로 자기감정을 덮어버린다.

2. 불안하고, 우울해지면 화로 표현한다.

3. 미성숙한 방어기제가 폭발하면서 습관이 되었다.

4. 양육자의 감정 처리 방식을 학습했다.

5. 분노로 타인을 지배하려 한다.

6. 자존감이 낮아서 상대가 자기를 무시한다고 판단한다.

이 중 타인을 지배하기 위해 화를 내는 사람이 가장 비겁합니다. 자신보다 힘이 강한 사람 앞에서는 찍소리 못하고 참으면서 심한 무력감을 느낍니다. 이 감정을 자기보다 힘이 약하거나 마음이 여려서 받아주는 사람만 골라서 폭발시키는 겁니다. 버럭 화를 내면서 '나는 무력하지 않다'라는 것을 보여줌으로써 상대를 지배하려는 거지요.

양육자가 이런 식으로 화를 표출하면서 자녀를 키운 경우, 자녀에게 끼치는 영향은 매우 큽니다. 만일 아버지가 이런 유형이었다면 아들은 아버지의 감정 처리 방식을 습득할 확률이 높고, 딸은 남자에 대한 부정적인 인식을 갖게 됩니다.

상사가 자신의 아버지와 같은 감정 처리 방식을 가진 사람이라면 적대적인 감정을 갖거나, 별것 아닌 상황에서도 미리 불안에 떨게 됩니다. 어머니가 화를 많이 낸 경우도 마찬가지입니다. 양육자의 감정 쓰레기통이 되어서 정서 학대를 겪은 사람이 성인이 되면, 타인의 작은 비판에도 마음을 크게 다치고 예민하게 반응하게 됩니다. 분노 조절에 문제가 생겨서 '간헐성 폭발 장애'로 발전할 가능성도 있습니다.

자꾸만 화를 내는 사람에게는 한 발짝 물러서서 차분한 말투와 이성적인 태도로 응하는 것이 최선입니다. 무시하는 말투나 행동으로 화를 돋우면 상황만 나빠질 뿐입니다. 객관적 입장을 유지하며 감정적 거리를 두어야 합니다.

불경에 이런 말이 있어요.

화를 품는 것은 다른 사람에게 던지려고 뜨거운 석탄을 손에 쥐고
있는 것과 마찬가지다. 화상을 입는 것은 결국 자기 자신이다.

화를 못 참는 사람들은 누구에게 던질까 호시탐탐 노리며 뜨거운
석탄을 손에 들고 다니는 삶을 살고 있는 겁니다. 자신의 뜨거운 감
정에 이미 화상을 입은 사람들이지요. 자신의 심리 상태와 표출 방
식을 알아차리는 것은 자기 자신을 이해하는 것입니다. 스스로 감정
에 무지한 사람이 되지 않도록 노력해야 할 것입니다.

동료는 친구가 될 수 없다

동료는 친구가 아니라, 업무를 위해 협력하는 동반자

동료와 친구를 구별하지 못하면 직장 내 인간관계에서 심리적 소모를 많이 하게 됩니다. 동료 간의 공감과 소통 능력이 향상될수록 업무 성과는 높아집니다. 하지만 팀워크와 우정은 다릅니다. 동료와 친구가 되려 하고, 우정까지 쌓으며 사적인 심리적 연결까지 해내려고 하면, 오히려 업무에 지장이 생기기도 합니다. '동료는 친구가 될 수 없다'는 말은 동료와 깊이 공감하려 하지 말라는 의미가 아니라, 업무적인 협력 관계에 중점을 둔 지혜로운 관계 맺기에 주력해야 한다는 의미입니다.

나는 도움을 주고 싶어서 조언을 했는데 동료가 불쾌하다는 반응을 보이거나, 반대로 풀이 죽어서 나를 피한다면?

나에 대해 함부로 말하는 동료와 함께 일해야 한다면?

한때는 절친이었는데, 지금은 피해 다니는 동료와 팀 프로젝트를 해야 한다면?

야, 너, 이름 부르며 퇴근 후에도 붙어 다니던 동료가 승진해서 내 상사가 되었는데, 나를 부하직원으로 대한다면?

입사 동기와 절친이 되었다가 지금은 원수가 되었다면?

내 비밀을 다 털어놨는데, 지금은 관계가 틀어져서 직장에서 얼굴을 마주칠 때마다 불편하다면?

가족보다 많은 시간을 함께 보내는 사람이 직장 동료인데, '지혜로운 거리 두기'에 실패하면 직장 내 인간관계에서 지옥을 경험할 수도 있습니다. 동료는 친구가 아니라 '업무를 위해 협력하는 동반자'입니다.

친구와 동료를 구분하는 연습을 해봅시다. "우리가 남이가!"를 외치며 친구, 형, 누나, 아우의 관계를 맺을 게 아니라, 조직의 성과를 위해 협력하는 관계임을 잊어서는 안 됩니다. 동료는 가족이 아니라 남입니다. 끈끈한 관계를 맺다 보면 기대가 커지고, 혼자 잘해주고 상처받는 일만 늘어납니다. 업무에 방해만 되는 감정 소모가 늘어납니다.

또한 나를 힘들고 불편하게 하는 동료를 대하는 법을 익혀두면 직장 내 인간관계가 훨씬 편해질 것입니다.

자존감이 낮은 후배 대하는 법

잘 삐치는 사람, 우리 집에도 회사에도 있을 겁니다. 최근에 만난 제 친구는 같은 팀 후배를 키워주고 싶어서 업무에 관해서 조언을 했는데 후배가 자기 눈을 제대로 보지도 않고 자기 말에 반응도 하지 않고 풀이 죽은 것처럼 보여서 당황스러웠다고 합니다. 잘 삐치는 사람은 좋은 조언을 들을 기회를 놓치니까 조직에서 성장하기가 힘들다는 말을 하더군요.

그 후배는 진심으로 돕고자 하는 사람의 마음을 긍정적으로 수용하는 능력이 부족하기 때문에 힘들어하고 있을 거예요. 평소에 작은 칭찬을 자주 해주는 것이 먼저라고 조언해주었습니다.

진심으로 걱정되고 도와주고 가르쳐주고 싶어서 말을 꺼내면 질책이라도 받은 것처럼 풀이 죽어서 업무 능력을 발휘하지 못하고 실수를 더 많이 하는 사람들이 있습니다.

이런 사람들은 성장하는 과정에서 열심히 노력하고 많은 것을 성취했는데도 진심으로 인정하고 칭찬해주는 사람이 곁에 없었던 경우가 많습니다. 자신의 능력에 대한 자부심이 강한데 성과나 노력을 인정받아보지 못하면 애정이 담긴 조언조차도 내 능력을 '지적'하는 것이라고 짐작하고 좌절감에 빠집니다. 자신의 능력이 부족하다는 것을 인정하지 못하는 자만 때문에 스스로 힘들어하는 것일 수도 있어요. 내면에는 '남들보다 잘하고 싶은 욕심'이 많아서 본인도 많이 힘들 겁니다.

있는 그대로의 자신을 존중하고 받아들이는 사람은 타인의 애정어린 조언을 고맙게 받아들일 줄 압니다. 욕심이 없는 사람들은 타인과 나를 비교할 필요가 없기 때문에, 타인에게 열등감을 느끼지 않지요. 최고가 될 필요가 없으므로 타인이 나를 어떻게 평가하든 신경 쓰지 않아요. 자기가 갖고 있는 능력에 만족하며 건강한 자존감을 키워갑니다. 자신과 타인에게 있는 그대로의 내 모습을 보여줄 수 있는 자신감이 진정한 '자기애'입니다.

자존감 낮은 사람과 협력해서 일을 잘하고 싶다는 마음을 가진 사람은 자존감이 높은 사람입니다. 자존감이 낮은 사람들은 스스로를 끊임없이 남과 비교하며 열등감을 느끼고 자기 자신을 괴롭힙니다. 더 잘해서 칭찬받지 못하는 자신을 학대하지요. 연민의 감정을 가지고 후배를 바라봐주세요.

상대의 자존감을 높여주려면 숨어 있는 능력을 찾아주세요. 후배의 작은 능력들을 자주 찾아주고, 진심으로 칭찬해주세요. 그리고 조언이나 충고를 해야 할 때는 반드시 장점을 먼저 언급하고 칭찬한 다음에, '이런 점을 보완하면 더 크게 성장할 수 있을 것'이라고 용기를 주세요.

남에 대해 함부로 말하는 사람 대하는 법

저는 얼굴이 알려진 방송인, 운동선수들 상담을 종종 합니다. 이들은 일반인보다 타인의 시선과 말로 인해 심리적 타격을 매우 크게 받습니다. 내가 잠든 시간에도 SNS에서는 나를 모르는 사람들이 내 이야기를 마음대로 하고 있을 테니까요.

깨어 있는 시간, 사람과 마주하고 대화하는 모든 시간은 '관계의 시간'입니다. 격려하고 응원하고 위로하는 말, 듣고 싶은 말만 듣고 살고 싶지만, 그런 사람은 세상에 하나도 없죠. 사방에서 날아오는 총알을 피할 수 있는 사람은 아무도 없습니다.

하지만 대처하는 방식은 사람마다 달라요. 사방에서 날아오는 총알을 다 맞고 총알을 가슴에 박은 채 쓰러져 피 흘리며 우는 사람, 어쩌다 총알을 맞았지만 바로 뽑아서 쓰레기통에 버리고 소독하고 약 바르는 사람, 총알을 막아낼 튼튼한 방탄복을 입고 총알이 날아와도 다치지 않는 사람이 있죠. 가장 불쌍한 사람은 빗나간 총알까지 주워서 자기 가슴에 꽂고 아파하며 우는 사람입니다. '나한테 왜 이래? 나는 왜 맨날 당할까' 자책하면서.

제대로 대처하려면 타인에 대해 함부로 말하는 사람들의 비밀을 알아야 합니다. 그들은 열등감과 피해의식이 심한 사람들이에요. 자존감이 없는 사람들은 타인과 자신을 끊임없이 비교하면서 좌절하고 열등감에 휩싸입니다. 열등감을 자기 성장의 에너지로 전환해서 쓸 줄 알아야 발전하지만, 이 사람들은 열등감을 피해의식으로 발전시켜서 타인에 대한 공격성으로 드러냅니다. 가까운 사람 중에 나보다 잘되는 사람을 시기 질투하고, 험담하고, 악소문을 퍼뜨리기도 합니다. 상대를 끌어내리면서 잠시나마 자신을 위로하는 것이지요.

대상은 지인에서 끝나지 않습니다. 욕하고 싶어서 허기진 짐승처럼 끊임없이 대상을 물색하지요. 그때 가장 쉬운 대상이 연예인과 같은 유명인입니다. SNS에서 헛소문을 옮기고, 없는 말을 지어내고, 기분 내키는 대로 욕도 하지요.

여자 연예인들이 악플로 괴로워하다가 안타까운 죽음을 택한 사건 이후, 한 기자가 악플을 달았던 이들을 찾아가서 물었습니다. 왜 그랬느냐고. 그들 대부분은 기억이 안 난다거나 남들이 하니까 나도 했는데 나한테만 왜 그러느냐고 화내거나 틀린 말 했느냐며 도리어 당당하게 맞섰습니다. "연예인이면 악플 정도는 감수해야 하는 거 아냐?"라며 적반하장으로 피해자를 비난하기도 했습니다.

타인에게 상처 주는 말을 함부로 하는 사람들은 영혼이 병든 사람들입니다. 이들은 자기 생각과 느낌대로 판단하고 누군가 지어낸 이야기도 마치 사실을 확인한 것처럼 떠들고 다닙니다. 이들은 죄책감을 못 느끼고, 반성할 줄도 모릅니다. 끊임없이 변명만 늘어놓죠.

공개적으로 타인을 비난하는 사람에 대한 대응법은 다섯 가지입니다.

- 완벽하고 치밀하게 무대응하기
- 싸우지 말기
- 달래지 말기
- 이해시키려 하지 말기
- 보지도 듣지도 말기

습관적으로 남을 비방하는 사람은 상습적으로 음식물 쓰레기를 남의 집 대문에 무단 투기하는 사람과 같아요. 오로지 상대에게 상처 주는 게 목적인 말은 '쓰레기'예요. 쓰레기 중에서도 가장 심한 악취를 풍기는 썩은 음식물 쓰레기죠. '누구든 걸리기만 해봐라' 호시탐탐 투척 대상을 물색하며 썩은 음식물 쓰레기를 품고 다니는 그 사람의 영혼에서는 쓰레기 썩는 냄새가 납니다.

나에 대한 험담을 들으면 누구나 감정이 상합니다. 감정은 비합리적인 생각 때문에 생겨납니다.

'저 사람 도대체 왜 저러지?'

'왜 나한테 이렇게 말하지?'

'내가 뭘 잘못했지?'

'내가 왜 이런 비난을 들어야 하지?'

'왜?'라는 질문을 버리세요. 그들은 그냥 욕하고 싶은 겁니다. 내게만 그러는 게 아닙니다. 모든 상황에서 단점을 찾아내고 불평을 일삼으며, 특히 사람을 만나면 단점과 험담할 거리를 기가 막히게 만들어냅니다. 뇌의 작동이 다른 거죠.

'왜?'라는 질문은 나를 괴롭힐 뿐입니다. 계속 감정을 상하게 만들어요. 비합리적인 생각을 멈추고, 합리적으로 생각하는 정서 대처를 해야 합니다. 그래야 나의 행복을 해치지 않는 행동으로 전환할 수 있습니다. 이를 '합리적 정서행동치료'라고 합니다. 이렇게 생각하는 연습을 해봅시다.

'정말 불쾌하지만 상대할 가치가 없지. 완벽하게 무대응하는 게 상책이야. 너는 영혼이 병든 불쌍한 사람이구나! 너에게 나의 행복을 내어줄 순 없어. 네가 던진 음식물 쓰레기를 나는 받지 않겠어! 네가 만든 쓰레기는 너 혼자 잘 끌어안고 다녀!'

『명심보감』에 이런 말이 있습니다.

　　귀로는 다른 사람의 잘못된 일에 대해 듣지 말고, 눈으로는 타인의

단점을 보지 말고, 입으로는 타인의 허물을 말하지 않는다면 군자
에 가깝다.

다른 사람을 헤아리고 싶다면 먼저 자기 자신을 반드시 헤아려라.
다른 사람의 마음을 상하게 하는 말은 도리어 자신을 상하게 한다.
피를 머금고서 다른 사람에게 뿜으면 자기 입이 먼저 더러워진다.

남에 대한 험담에 맞장구치지 말고 호기심을 보이지도 말아야 합
니다. 그들의 말을 들어주는 것만으로도 같은 사람 취급을 받게 됩
니다. 한편 나 또한 타인에 대한 험담이나 소문을 옮기는 일은 하
지 말아야 합니다. 남의 마음을 아프게 하면 반드시 그 대가를 받습
니다.

관계도 성장한다

'사람 안 변한다'는 말을 사람들이 참 많이 합니다. 그런데 저는 그 말을 믿지 않아요. 노력해서 좋게 변하는 사람들을 실제로 많이 봤기 때문입니다.

사람은 변하는가, 변하지 않는가를 두고 심리학 연구도 많이 진행되었습니다. 사람이 변하지 않는다고 규정하는 사람들이 화를 잘 낸다는 재미있는 연구도 있어요. 그들은 인간관계에서 받은 상처가 오래가고, 인간관계에서의 갈등은 항상 일어날 것이라고 확정 짓는 경향이 강합니다. 그러다 보니 상처를 잘 극복하지 못하기도 합니다. 그래서 사이가 조금만 멀어지면 먼저 도망치고, 상처를 오래 간직하게 된다는 겁니다. 회복을 위한 노력을 시도조차 못하는 거지요.

심리학자들은 그런 생각을 바꾸라고 조언합니다.

"사람들은 얼마든지 좋게 변할 가능성이 있다."

끊어진 관계도 회복할 수 있고, 회복을 통해서 관계가 다시 성장할 수 있습니다. 나에게도, 그에게도 성장 가능성이 있습니다. 사람의 성격과 능력은 노력에 따라 변한다고 믿는 것이 '증진 이론'인데이 증진 이론을 믿는 사람들이 관계나 업무에서 더 좋은 성과를 얻습니다.

끊어진 인연들을 떠올려보세요. 친구일 수도, 연인일 수도, 가족

일 수도 있습니다. 너무 쉽게 끊어졌는데 오래도록 마음에 남아서 생각하면 마음이 편치 않은 인연들이 있을 겁니다. '나도 그도 변하지 않을 것이므로 우리는 다시 갈등하고 싸우게 될 거야'라는 마음이 들 수도 있습니다. 하지만 '사람은 좋게 변할 수 있다'는 신념을 가지고 내가 먼저 다가가는 용기를 내보세요. 그도 용기가 나지 않아서 먼저 연락하지 못했을 가능성이 큽니다.

"내가 더 미안해. 연락 줘서 고마워."

이렇게 말할지도 모릅니다. 나도, 그도, 관계도 성장한다는 '관계에 대한 성장론적 관점'을 믿고 관계를 회복해보세요.

오해와 이해는 한 끗 차이

우리는 오해와 이해에 대해서 생각해볼 필요가 있습니다. 내가 그를 오해하고 그가 나를 오해해서 서로가 상처받는 일은 사랑하는 연인과 가족 사이에서도 항상 일어납니다.

한 사람을 온전히 이해한다는 건 쉬운 일이 아닙니다. 하지만 오해가 풀리고 이해하게 되었을 때 관계는 더 긴밀하게 연결됩니다. 오해도 이해의 일부분이에요. 가장 자기중심적인 이해방식이어서 소통에 문제를 일으킬 뿐입니다. 내 생각과 느낌만 중시하지 말고, 상대방의 입장에서 한 번만 생각해보세요. 오해에서 이해로 넘어가는 건 한 발짝 차이입니다.

누구나 한번쯤 오해받아본 경험이 있을 겁니다. 섭섭하죠. 억울하죠. '나를 이렇게 못 믿나?' 답답하고 화가 날 겁니다. 맞아요. 상대에 대한 믿음이 적을수록 오해가 먼저 작동합니다.

세상은 이해보다는 오해가 많습니다. 세상은 나를 오해할 준비가 되어 있습니다. 오해에 분노하지 말고, 누가 나를 이해해주었을 때 그 사람에게 고마워하는 것이 건강한 마음가짐입니다.

한편 오해가 억울하고 불쾌한 일만은 아닙니다. 오해가 이해로 가는 징검다리 역할을 한다는 걸 알면 마음이 훨씬 편해집니다. 믿음을 쌓는 데는 시간이 오래 걸립니다. 그래서 오해에서 이해로 건너가는 과정, 그 시간을 우리는 기다릴 수 있어야 합니다. 묵묵히 나의 길을 가면 됩니다.

정신분석학의 창시자인 지그문트 프로이트도 초기에는 오해를 많이 받았습니다. 오스트리아 빈 의학계에서 '이상한 사람'으로 따돌림을 받았죠. '성욕설'을 주장했을 땐 '섹스밖에 모르는 인간' 취급을 받았습니다. 프로이트가 억울해서 연구를 멈췄다면 정신분석학은 발전하지 못했겠지요.

샤를 보들레르의 『내밀 일기』에 이런 문장이 있습니다.

세상은 오직 오해에 의해서 진행되는 것이다.

법정 스님도 이런 말씀을 하셨어요.

누가 나를 치켜세운다고 해서 우쭐댈 것도 없고, 헐뜯는다고 해서 화를 낼 일도 못 된다. 그건 모두가 한쪽만을 성급하게 판단한 오해이기 때문이다. 오해란 이해 이전의 상태가 아닌가. 문제는 내가 지금 어떻게 살고 있느냐에 달린 것이다. 실상은 말 밖에 있는 것이고, 진리는 누가 뭐라 하건 흔들리지 않는다. 온전한 이해는 그 어떤 관념에서가 아니라 지혜의 눈을 통해서만 가능할 것이다. 그 이전에는 모두가 오해일 뿐이다.

누군가 나를 오해해도 분노할 필요 없습니다. 억울해서 흥분한 상태로 대화를 시도하면 중언부언하게 돼서 오히려 상대에게 변명처럼 들릴 수도 있습니다. 침착하게 짧게 말하는 용기를 내세요.

"오해할 빌미를 제공해서 유감입니다. 5분만 시간을 내주시겠습니까? 제 진심을 들어주시면 고맙겠습니다."

"오해했다면 우선 사과할게" 같은 말은 하지 않는 게 좋습니다. '오해한 네가 잘못'이라는 뉘앙스로 받아들일 수도 있으니까요. 상대는 이미 이해보다는 오해를 택했습니다. 듣는 귀가 이해보다 오해에 기울어져 있기 때문입니다. 사과를 해야 할 상황이라면 사과하는 말하기 방식이 중요합니다.

심리학자 게리 채프먼 박사는 '다섯 가지 사과의 언어'를 사용하라고 권합니다.

1. 유감 표명: "미안해요."

2. 책임 인정: "내가 잘못했어요."

3. 보상: "어떻게 해드리면 좋을까요?"

4. 진실한 뉘우침: "다시는 그러지 않을게요."

5. 용서 요청: "나를 용서해주시겠어요?"

진심으로 사과할 때 관계에 기적이 일어납니다. 끊어졌던 관계가 회복되고 적이 될 수 있었던 관계가 내 편으로 변합니다. 사과하고 싶은데 용기가 나지 않았던 상대가 있다면, 어떻게 사과해야 할지 몰라서 시간만 보내고 있는 관계가 있다면 지금 용기를 내봅시다. 다섯 가지 사과의 언어를 사용해서 작성해보세요. 글로 쓸 수 있다면 말로 하는 건 훨씬 쉬워집니다.

* _____
* _____
* _____
* _____
* _____

이 다섯 가지를 실천했다면, '용서'를 재촉하지 말고 기다려야 합니다. 진심이 전달되면 상대는 미안해하며 나에게 다가올 수도 있습니다.

당신의 진심은 상대의 오해보다 강합니다. 오해가 진심을 이기진 못합니다. 나도 누군가를 오해할 수도 있습니다. "그건 오해예요" 하며 풀고 싶어하는 이가 있다면 들어보고, 물어보고, 그에게 기회를 줍시다. 몰랐던 상대의 마음을 알게 되면 그를 사랑하게 됩니다. 상대가 진심을 말하면 받아주고 싶은 게 사람 마음이니까요.

오해에서 이해로, 이해에서 화해로 가는 것이 소통의 진화입니다. 관계의 성장입니다. 모르면 오해하기 쉽고, 알면 사랑하기 쉽습니다.

서로를 성장시키는 관계 만들기

인생을 좀 더 행복하게 살아가려면, 친구가 몇 명 정도 있어야 할까요? 나이 들수록 친구에 대한 기준이 엄격해져서 나는 왜 친한 친구가 없는 걸까 하고 고민하는 사람이 많습니다.

심리학자들은 인생을 사는 데 마음을 터놓을 수 있는 친구는 다섯 명이 필요하고, 공통의 관심사를 가지고 교류하는 친구는 열다섯 명 정도가 필요하다고 말합니다. 혼자보다는 좋은 사람들과 함께하는 게 좋습니다. 누구와 어떻게 연결되느냐에 따라 우리는 완전히 새로운 세상으로 나아갈 수 있기 때문입니다.

그런데 마음을 터놓을 수 있는 친구 다섯 명을 사귀는 게 쉽던가요? 저는 아직 다섯 명을 채우지 못했어요. 취미생활을 함께할 수 있는 친구 열다섯 명을 나열하는 것도 어렵고요. 인생은 좋은 친구를 만들어가는 과정이라고 생각합니다. 나이, 성별, 국적, 학력, 직업은 관계없습니다. 독서를 열심히 하는 친구, 타인의 말을 잘 경청하며 공감해주는 친구, 전문분야 지식이 많고 문제 해결 능력이 뛰어난 친구, 즐겁게 운동하면서 함께하기를 권장해주는 친구, 나의 행복과 타인의 행복을 함께 추구하는 모임을 기획하고 사람을 잘 모으는 친구, 세상을 이롭게 하는 나눔을 실천하는 친구. 무엇이든 내가 배울 점이 많은 친구를 사귀는 것이 친구 사귐의 축복 아닐까요.

한 달에 한 번, 나의 친구 관계를 점검해보면, 나와 그들이 어떻게 관계를 맺고 함께 성장해나가고 있는지 알 수 있습니다. 내 곁에 있는 친구들을 보면 나의 현재와 미래가 보입니다. 지금 휴대폰에 저장된 전화번호 중에 '친구'라고 부를 수 있는 사람이 몇 명인지 한번 점검해보세요.

자신에게 엄격한 사람일수록 관계에 대한 두려움이 커서 사람에게 잘 다가가지 못하는 경향이 있어요. 사람을 만나는 걸 싫어하는 게 아니라 사람을 사귀는 즐거움과 별개로 걱정이 많은 것이지요. '서로 잘 안 맞으면 어떡하나? 실수하면 어떡하나? 감정 소모를 많이 하게 되는 건 아닐까? 상처받고 싶지 않은데……' 이렇게 걱정하다 보면 사람 사귀는 게 부담스러워집니다.

친근하게 다가가야 연결될 수 있는데, 자신에게 엄격한 사람일수록 자신을 저평가하기 때문에 다른 사람들도 자신을 부정적으로 평가할까 봐 두려워합니다.

미국 텍사스대학교의 심리학자 크리스틴 네프와 네덜란드 나이

메헨대학교의 심리학자 루스 봉크는 일련의 연구를 통해, 자존감을 높이는 것보다 더 중요한 것은 스스로를 비난하지 않는 것, 스스로에게 너그러워지는 것이라는 결론을 얻었습니다. 자기 자신에게 공감하는 방법을 배우고, 실수를 했을 때 스스로 질책하고 수치심을 느끼기보다는 친절과 관용으로 대하는 것이 중요하다는 것입니다.

자기연민은 관계 맺기에 꼭 필요한 감정입니다. 나에게 관대해지는 자기연민, 자기자비를 실천하며 나와 친하게 잘 지내는 사람이 타인과도 잘 지냅니다. 이제는 서로를 성장시키는 친구 맺기와 지혜롭게 인적 네트워크를 만드는 법을 살펴보겠습니다.

친구의 개념 확장하기

새롭고 다양한 관계를 맺는 것은 나의 미래에 투자하는 일입니다. 흔히 '인맥을 쌓는다'는 표현을 많이 씁니다. '인맥'을 중시하는 사람들을 보면, 나에게 이득을 줄 수 있는 경제력과 사회적 지위를 가진 사람들의 네트워크 속으로 들어가는 방법을 찾습니다. 하지만 그건 내가 주체가 되는 네크워크 형성이 아니에요. 서로가 도움을 주고받을 수 있어야 해요. 내가 먼저 어떤 형태든 도움을 줄 수 있는 사람이 되고, 먼저 다가갈 때 좋은 인맥이 형성되기 시작합니다.

오래되고 가까운 사람들을 넘어서 친구의 친구, 예전 직장 선배 등 약한 연결을 소중하게 생각하고 가끔 먼저 연락하세요. 반갑게 안부를 묻고 그들의 이야기를 경청하세요. 새로운 정보를 얻고, 기대하지 않았던 좋은 기회를 얻을 수 있는 중요한 연결입니다.

"직장에서는 개인적 친분을 맺지 않아요. 일에 방해가 될 것 같아서요. 아무래도 감정 소비를 더 할 것이고 업무에도 지장이 될 것 같아요."

이렇게 말하는 직장인들을 많이 만납니다. 이 주제로 진행된 연구들도 꽤 있어요. 러트거스대학교의 제시카 메토트는 기업 내에서 형성되는 친분관계가 업무 성과나 번아웃에 어떻게 영향을 끼치는지 연구했습니다. 친분관계가 업무 환경을 긍정적으로 만드는 데 도움이 된다는 가설을 세우고 실험한 결과, 동료들과 친분관계를 잘 맺는 직원들의 업무 실적이 월등히 높았습니다.

물론 갈등이 생길 때, 감정 소모로 인해 업무 성과가 감소되기도 했습니다. 직장 내에서 인간관계를 더 깊고 더 넓게 유지하는 것은 힘들 수 있지요. 나에게 정서적으로 부정적인 영향을 주는 동료와는 개인적인 친분을 쌓지 말고, 나에게 긍정적인 영향을 주는 동료와 약한 연결을 맺으면 서로에게 유익합니다.

'친구'의 개념은 확장할수록 연결의 폭이 더 넓어지고, 기회를 얻을 가능성도 많아집니다. 약한 연결을 만든다는 열린 마음으로 친구관계를 넓힐 때, 나를 성장시키는 인적 네트워크도 확장됩니다.

계속 연결되고 싶은 사람의 이름을 써봅니다. 나의 관심 분야에 대해 식견이 높은 사람, 경험이 많은 사람의 이름을 우선순위에 둡니다. 문자보다는 통화가, 통화보다는 만나는 것이 더 좋습니다. 먼저 연락하는 게 쉬운 일은 아닙니다. 혹시 나를 반가워하지 않으면 어떡하나, 두려운 마음이 생길지도 모릅니다. 하지만 용기를 내세요. 문자로 안부 인사를 보내는 것부터 시작해도 좋겠지요. 만남이 성사된다면 시간과 장소는 상대방이 정할 수 있도록 배려합니다. 대화의 70퍼센트는 듣고 공감하는 데 쓰고, 나머지 30퍼센트는 질문과 내 이야기를 하는 것이 좋습니다.

상대방에게 도움받는 것을 목적으로 하지 말고, 그의 말에 귀를 기울이고, 그에 대해 더 많이 아는 것에 목적을 두세요. 상대방 또한 나의 이야기를 경청한다면 계속 연결될 수 있습니다.

나와 같은 관심사를 가지고 같은 목표를 추구하는 자발적인 모임, 정기적인 모임일수록 강한 유대감을 형성합니다. 서로 성장할 수 있는 활동을 함께하는 모임이라면 무엇이든 좋습니다. 운동 모임, 자원봉사 모임, 독서 모임, 여행 모임, 스터디 모임, 좋은 강연을 함께 듣고 토론하는 모임, 직장 내의 취미활동 모임 등 형태는 다양합니다.

이렇게 연결될 때, 예상치 않았던 좋은 기회가 나에게 찾아올 수 있습니다.

친구는 나의 미래다

1990년대 말, 하버드대학 교수이자 의학 박사였던 니컬러스 크리스태키스는 부부 중 한 사람이 큰 병을 얻게 되면 배우자의 건강도 위태로워지는 사례를 많이 목격하게 되었습니다. 관련 연구를 하던 크리스태키스는 부부관계가 서로의 건강에 이토록 크게 영향을 끼친다면 친구관계도 건강에 영향을 끼치지 않을까 궁금해졌습니다. 그래서 네트워크 연구를 하던 UCSD(캘리포니아대학교 샌디에이고캠퍼스) 제임스 파울러 교수와 함께 연구를 시작했습니다.

미국 매사추세츠주 프레이밍햄이라는 도시에서는 1948년부터 5000명이 넘는 주민들을 대상으로 정기적인 신체검사와 인터뷰를 진행하고 있었습니다. '프레이밍햄 심장 연구'라는 거대한 프로젝트였는데, 심장질환에 대해 연구하기 위해서 본인은 물론이고 가족, 친구관계에 대한 인터뷰까지 엄청난 데이터가 구축되어 있었습니다. 덕분에 다양한 사회관계 연구의 모델이 되었지요.

크리스태키스 박사는 어느 날, 방대한 데이터를 살펴보던 중에 '비만이 가족과 친한 친구에게 전염된다'는 재미있고도 놀라운 사실을 발견했습니다.

- 내 친구가 비만해질 경우 2~4년간 내 몸무게가 늘어날 가능성은 45퍼센트가량 높아진다.
- 내 친구의 친구가 비만해질 경우 내 몸무게가 늘어날 가능성은 20퍼센트가량 높아진다.
- 내 친구의 친구의 친구가 비만해질 경우 내 몸무게가 늘어날 가능성은 10퍼센트가량 높아진다.

내 친구의 친구는 이름은 알아도 얼굴은 모를 수 있고, 내 친구의 친구의 친구는 이름조차 모르는 사람일 수도 있지요. 그런데도 내가 살찌는 데 영향을 끼칩니다.

연구자들은 이 효과를 '3단계 영향 법칙'이라고 불렀습니다. 3단계 거리 안에 있는 사람들, 즉 친구(1단계), 친구의 친구(2단계), 친구의 친구의 친구(3단계)에게서 우리는 직접적 영향을 받으며, 우리 또한 3단계 거리 내의 사람들에게 영향을 준다는 것입니다. 내 친구를 A, 친구의 친구를 B, 친구의 친구의 친구를 C라고 합시다. C가 비만이면 B가 가지고 있는 비만에 대한 인식에 영향을 끼쳐서 'C에 비하면 나는 뚱뚱한 편이 아니야' 또는 'C에 비하면 나는 날씬 해'와 같은 생각을 가지게 될 수 있지요. B가 가진 인식은 A에게도 영향을 끼칩니다. 나는 내 친구인 A에게 영향을 받게 되고요.

결국 친구가 비만이거나 친구의 친구가 비만인 경우, 비만에 대한 인식이 바뀌어서 식습관과 같은 내 행동도 바뀌더라는 것입니다. 자주 만나는 친구일수록 만날 때마다 같은 음식을 서로 비슷한 양으로 먹으면서 식습관이 닮아가는 것처럼 비만도 친구는 물론이고 친구의 친구의 친구와 같이 알지도 못하는 사람과도 미묘하게 영향을 주고받는다는 것입니다.

저는 이 논문을 읽고 완전히 공감했습니다. 제가 요즘 자주 만나는 친구들은 몸매가 후덕합니다. 2주에 한 번 만나서 실컷 먹고 수다를 떠는 친구들이지요. 저는 50킬로그램 초반대를 잘 유지하고 있었어요. 그런데 6개월이 지난 지금 생애 최대의 몸무게를 경신해가는 중입니다. 친구들이 저에게 "너는 말랐어. 더 먹어. 좀 더 쪄도 된다. 하나도 안 쪘다. 더 먹어라. 더 먹자!"라고 말할 때마다 그 말을 믿고 잘 따른 결과였습니다. 친구들과 있을 때 저는 가장 마른 사람이었기 때문에 그 말을 믿는 건 너무 쉬운 일이었고, 안심하고 마구 먹는 기쁨을 누릴 수 있었지요. 비만에 대한 인식이 바뀐 탓이었습니다.

지금 이 글을 읽으면서 뚱뚱한 내 친구들을 원망하고, 나의 뱃살 증가의 원인을 그들 탓으로 돌리고 싶은 욕구가 팽창하고 있을지도 모르겠습니다. 하지만 나 또한 그들에게 강력한 영향을 끼치고 있다는 걸 알면, 상황은 역전될지도 모릅니다. 오늘부터 내가 다이어트를 시작해서 성형에 가까운 효과를 보게 된다면? 나로부터 3단계 영향 법칙이 다시 시작되겠지요.

크리스태키스 박사와 파울러 박사가 2008년에 같은 학술지에 발표한 논문을 보면 '흡연'에도 '3단계 영향 법칙'이 작용합니다.

- 내 친구가 흡연자라면 내가 흡연할 가능성은 61퍼센트 더 높아진다.
- 내 친구의 친구가 흡연자라면 내가 흡연할 가능성은 29퍼센트 더 높아진다.
- 내 친구의 친구의 친구가 흡연자라면 내가 흡연할 가능성은 11퍼센트 더 높아진다.

내가 담배를 끊는다면? 내 친구들이 담배를 끊을 확률도 높아졌습니다. 나는 이로운 영향을 전파하는 주체인지, 해로운 영향을 전파하는 주체인지 고민해볼 필요가 있겠군요.

그럼 행복은 연결된 사람들에게 어떤 영향을 끼칠까요?

하버드대학교 크리스태키스 박사와 UCSD 공동연구팀은 2008년에 《영국의학저널》에 게재한 논문에서 행복한 감정의 강력한 전파력에 대해 상세히 기술했습니다. 미국 매사추세츠주의 21~70세 성인 4700명을 대상으로, 행복한 감정이 가족·친구·이웃·직장 동료 등에게 어떻게 전파되는지를 20년 동안 분석한 결과입니다. 핵심은 다음과 같아요.

행복한 감정은 우리가 생각하는 것보다 훨씬 더 전염성이 강해서, 주변 사람에게 매우 큰 영향을 끼친다. 같이 사는 가족보다는 친구나 이웃에게 더 쉽게 전파된다.

- 내 친구가 행복할 때 내가 행복해질 확률은 15퍼센트가량 높아진다.
- 내 친구의 친구가 행복할 때 내가 행복해질 확률은 10퍼센트가량 높아진다.
- 내 친구의 친구의 친구가 행복할 때 내가 행복해질 확률은 6퍼센트가량 높아진다.
- 내가 공짜 음식을 먹을 경우 내 친구의 행복감도 높아지고, 친구의 친구까지도 행복감을 느끼게 된다.

거주 거리에 따른 행복지수는 어떤 차이가 있을까요? 행복한 친구와 가까이 살수록 행복지수가 증가할까요?

- 행복지수가 높은 친구가 내가 사는 곳과 800미터 안에 거주하면 행복지수는 42퍼센트가량 높아진다.
- 행복지수가 높은 친구가 나로부터 3.2킬로미터 떨어져 살면 행복지수는 22퍼센트가량 높아진다.
- 행복지수가 높은 친구가 옆집에 거주하면 행복지수는 34퍼센트가량 높아진다.
- 행복지수가 높은 친구가 1.6킬로미터 이내에 거주하면 행복지수는 25퍼센

트가량 높아진다.

그럼 불행의 전염성은 어느 정도일까요? 불행 역시 행복과 마찬가지였습니다.

- 내 친구가 불행할 경우, 내가 불행해질 확률은 15퍼센트가량 높아진다.
- 내 친구의 친구가 불행한 경우, 내가 불행해질 확률은 10퍼센트가량 높아진다.
- 내 친구의 친구의 친구가 불행할 경우 내가 불행해질 확률은 6퍼센트가량 높아진다.

다행히 거주 거리에 따른 불행지수는 행복지수에 비해 전염성이 낮게 나타났습니다.

어떤가요? 나의 비만이, 나의 흡연이, 나의 우울이 내 친구, 내 친구의 친구, 내 친구의 친구의 친구에게까지 영향을 끼치고 있진 않나요? 내 친구의 비만이, 내 친구의 흡연이, 내 친구의 우울이 나에게 부정적인 영향을 끼치고 있다면 잠시 그 친구와 멀어져도 좋겠습니다. 내가 더 행복해져서 그 친구에게 행복을 전염시킬 수 있을 때까지 잠시만이라도 멀어지자는 말입니다.

사람들은 비슷한 사람들끼리 네트워크를 형성해요. 우울한 사람은 우울한 사람들끼리, 행복한 사람은 행복한 사람들끼리 모여 있지요. 체중을 감량해서 건강해지고 싶다면 운동하는 모임에 들어가세요. 금연하고 싶다면 담배를 피우지 않는 친구들과 가깝게 지내세요. 행복해지고 싶다면 긍정적인 사람들과 친구가 되세요. 여건이 되어 이사를 갈 수 있다면 금상첨화겠지요.

나부터 내 친구들에게 좋은 영향을 주는 친구가 됩시다. 내 친구들이 우리 집 근처로 이사 와서 살고 싶도록 행복한 사람이 되고 싶은 욕구가 생기지 않나요? 내가 행복하면 내 친구들도 행복해집니다.

사람 잘 알아보고 잘 사귀는 지혜

사람을 잘 알아봐야 좋은 사람을 사귈 수 있습니다. 사람을 잘 알아보려면 어떻게 해야 할까요? 어떤 사람과 가까이 지내고 어떤 사람을 멀리해야 할까요? 사람을 사귈 때 어떤 마음가짐을 가져야 할까요?

저는 각 분야에서 존경받는 어른들을 만나서 인터뷰하고 칼럼을 쓰는 일을 3년 동안 했습니다. 어른들의 말씀을 통해서 '사람을 잘 알아보는 것이 일의 시작이자 끝'이라는 걸 깨달았습니다. 분야는 달라도 사람을 알아보고 인간관계를 경영하는 공통분모는 동일했어요. 그 무렵 『논어』『중용』『대학』『심경부주』『명심보감』『대학연의』 등 동양철학 공부를 시작하면서 서양심리학에서 얻지 못한 좋은 답을 많이 얻었습니다.

사람을 잘 알아보고, 말과 행동을 살펴서 그 사람을 파악하는 선

대 학자들의 지혜가 담긴 책이 바로『논어』입니다.『논어』〈위정편〉
에서 공자가 말했습니다.

> (사람을 알고 싶다면) 먼저 그 사람의 행동을 잘 보고, 그렇게 행동
> 하는 연유를 잘 살펴보고, 그 사람이 진심으로 편안해하는 것을 면
> 밀하게 살펴본다면, 사람들이 어떻게 자신을 숨기겠는가?

첫째, 잘 보아야 합니다. 상대의 말과 행동을 잘 들여다보지 못하
고 겉만 대충 보고 관계를 맺어서 해를 입게 되었다면, 그것을 포착
해내지 못한 나의 잘못이 크다는 말입니다. 그때는 상대방을 비난하
고 원망할 게 아니라, 사람을 알아보지 못한 나 자신을 반성해야 합
니다. 저는 믿었던 지인에게 큰돈을 빌려주었다가 돈도 사람도 한꺼
번에 잃은 경험이 있습니다. 원망하고 분노하는 데 꽤 오랜 시간과
마음을 허비했지요. '잘 들여다보지 못한' 저의 잘못이 더 크다는 걸
『논어』를 공부하면서 깨달았습니다.

둘째, 면밀하게 살펴보아야 합니다. 그 사람이 어떤 행동을 할 때,
어떤 연유에서 그렇게 행동하는지 면밀하게 살펴보라는 것입니다.
저는 이 구절을 읽고 상대의 단점을 들추고 소문을 내는 이들을 떠
올려보았습니다. 그들을 관찰해보니, 자신의 이득을 위해서 상대를
흠집 내고자 그런 행동을 하는 경우가 많았습니다. 더불어 나보다
뛰어난 사람을 실력으로 이길 자신이 없으니, 험담을 해서라도 끌어
내리고 싶은 시기심을 가졌던 것이지요. 자세히 살펴서 그가 전하는

말을 비판적으로 들을 수 있어야 합니다.

셋째, 분별하는 능력을 키워야 합니다. 그 사람의 행동이나 말을 면밀히 살펴보았다면, 그 말과 행동이 진심에서 우러나서 한 것인지, 남의 눈을 의식해서 한 것인지 꿰뚫어볼 수 있어야 합니다. 누가 보건 안 보건, 말과 행동이 한결같은 사람인지 알아보는 안목을 길러야 합니다.

이런 안목을 가진 사람에게는 자신을 숨길 수가 없습니다. 무엇보다 내가 이런 한결같은 사람이 되려고 노력하는 것이 중요합니다. 사소한 행동과 말 하나도 나 자신을 속이지 않고 진실하게 행해야겠습니다.

『논어』〈태백편〉에서 공자가 말합니다.

거만한데 곧지도 못하고, 어리석은데 공손하지도 못하고, 무능한데 신실함도 없다면, 나는 이런 사람을 어떻게 가르쳐야 할지 알 수가 없다.

사리분별력 없이 거만하게 굴면서 정직하지도 않은 사람, 무지하면서 예의 없고 경망스러운 사람, 무능하면서 신실信實하지도 않은 사람을 어떻게 가르쳐야 할지 모르겠다는 뜻입니다. 가르칠 수도 없으니, 이런 사람과는 관계 맺지 말라는 경계의 뜻입니다.

학력이 낮은 사람일지라도 예의와 겸손을 갖춘 사람이라면 얼마든지 성장 가능성이 있고, 배울 것들이 있지요. 하지만 근본이 정직하지 못한 데다가 무능하며 신실하지도 못한 사람은 덕을 갖추지 못한 사람입니다. 『논어』 〈학이편〉에서 공자가 말합니다.

남들이 알아주지 않아도 속으로도 서운해하는 마음이 없다면 진실로 군자가 아니겠는가?

다른 사람이 기준이 아니라 스스로가 기준이 되어 행동하는 사람, 누가 보든 안 보든 행동이 한결같은 사람을 사귀면 좋겠습니다. 『명심보감』 〈교우편〉에는 이런 구절이 나옵니다.

학문을 좋아하는 사람과 동행하면 안개 속을 가는 것과 같아서, 비록 옷은 젖지 않지만 종종 물기가 옷에 스며들고, 무지한 사람과 동행하면 마치 뒷간에 앉은 것과 같아서 비록 옷은 더럽혀지지 않지만 종종 옷에서 악취가 나느니라.

나도 모르는 사이에 사귀는 사람의 말과 행동에서 풍기는 악취가 나에게도 스며든다는 의미입니다. 사람을 잘 사귀어야 한다는 뜻이지요. 그렇다면 사람을 잘 사귀는 사람은 어떤 사람일까요? 『논어』 〈공야장편〉에서 공자는 안평중이라는 사람을 이렇게 평가합니다.

안평중은 사람을 잘 사귄다. 오래 사귀면서도 공경을 잃지 않는구나.

친구 사이도 오래되면 허물이 없어져서 서로 편하게 대하다가 급기야 상대에게 함부로 대하기도 합니다. 아무리 가까운 사이라도 오래될수록 더욱 예의를 지키고 공경해야 한다는 것을 강조하고 있습니다. 그것이 바로 '사람을 잘 사귀는 태도'입니다. 공경하는 마음을 잃는 순간, 관계는 언제든지 깨어질 수 있습니다. 연인, 부부, 부모와 자식 간도 마찬가지겠지요.

아무리 살펴보아도 내 주변엔 괜찮은 사람이 없어 보일 때가 있어요. 하지만 생각을 바꾸면 다 내게 배움을 주는 사람들입니다. 『논어』〈술이편〉에서 공자가 말합니다.

세 사람이 길을 걸어갈 때 그 안엔 반드시 나의 스승이 될 만한 사람이 있다. 그들의 좋은 점은 가리어 본받고, 그들의 좋지 않은 점은 가려서 고친다.

내 마음에 드는 사람만 만나면서 살 수는 없겠지요. 열린 마음으로 보면 내 주변 모든 사람이 나의 성장에 도움을 주고 있다는 걸 알 수 있습니다. 관계에도 연습이 필요합니다. 배우고 실천할 때 지혜로운 인간관계를 맺을 수 있습니다.

[관계 상담소]

사람들 때문에
힘든 사람들에게

"모든 사람과 잘 지내고 싶어요"

제 동료는 항상 불평불만이 가득합니다. 저도 그리 긍정적인 사람은 아니지만, 늘 부정적인 이야기를 하는 사람이 옆에 있으니 저도 덩달아 부정적으로 생각하게 되고 평소 감정도 점점 나쁜 쪽으로 기우는 것 같아요. 그 동료는 회사뿐 아니라 회사 사람들에 대한 불만도 많아서 뒷담화를 자주 하는 편입니다. 뒷담화하는 자리에 제가 없으면 제 뒷이야기를 할 것 같아서 마음이 불안합니다. 이 사람과 잘 지내려면 어떻게 해야 하나요?

아마 그 불편하고 불안한 감정을 여러 사람이 느끼고 있을 거예요. 단호하게 등을 돌리면 좋겠지만 그러지 못해서 그 사람에게 맞장구치던 동료들도 몹시 심리적으로 지쳐 있을 겁니다. 늘 불평만 하는 사람과 잘 지내기란 결코 쉽지 않죠. 또한 그들은 자신의 불평에 동조하고 자기편을 들어주기를 바라기 때문에 일단 그의 사정거리 안에 들어가지 않도록 조심해야 합니다. 한 번은 들어주었더라도 최대한 그 동료와 말을 섞지 않을 수 있도록 거리를 두는 거예요. 그 사람이 다른 사람을 험담하건 회사 욕을 하건, 옳고 그름을 판단하는 반응도 하지 말아야 합니다. 그렇게 반응해주는 순간 말려들게 되거든요.

회사에 대한 불평불만만 늘어놓는 사람, 함께 일하는 동료들을 험담하면서 시간을 보내는 사람은 영혼이 빈곤합니다. 잘못된 소문이나 험담이 다른 이에게 어떤 상처를 줄지에 대해서는 상관하지 않는 이기적인 사람입니다.

물론 모든 일에 만족하며 사는 사람은 없습니다. 미국의 저명한 심리학자 로리 애슈너와 미치 마이어슨은 『사람은 왜 만족을 모르는가』라는 책에서 불만족과 불평의 문제는 자존감과 연결되어 있다고 지적합니다.

> 만족은 소유의 문제가 아니다. 성취의 문제도 아니다. 만족은 밖이 아니라 안에서 생겨나는 것이다. 그들에게 결여되어 있는 것은 자기 존재에 대한 존중감이다.

살아 있음을 느끼고, 항상 깨어 있으면서 행복을 느끼고, 만족감을 느끼는 것, 내 삶에 의미가 있음을 믿는 것이 삶의 일부가 되어야 합니다. 능력이 뛰어난 사람은 남을 끌어내리지도 않고 험담을 하지도 않아요. 부정적인 에너지만 뿜는 그들에게 무표정한 모습으로 조금은 거리를 두세요. 어쩌면 내가 진심을 감추고 잘 들어주는 척하니, 자기와 같은 생각을 하고 있다고 안심하고 마구 감정을 배설하고 있는 것일지도 모릅니다. 자연스럽게 긍정적이고 밝은 화제로 돌리는 시도를 해보고, 그래도 동료가 부정적 패턴의 대화만 고집한다면 불편하지 않을 정도의 거리를 유지하세요.

모든 사람과 좋은 관계를 유지하기란 불가능해요. 많은 사람들의 사랑을 받고, 모두와 잘 지내고 싶다는 건 너무 큰 욕심이에요. 그런 마음 때문에 힘든 거예요. 남에게 인정받고 싶은 마음을 내려놓으면 상대에게 잘 보이려고 애쓸 필요도 없으니 나를 있는 그대로 보여줄 수 있어요. 그런 나를 좋아해주는 사람과 잘 지내면 됩니다.

관계 속에서 상대에게 인정받고 싶은 욕구가 많을수록 내 것을 자꾸 내줘야 합니다. 마음도, 시간도, 물질도……. 그렇게 베풀었는데도 상대는 별로 고마워하지 않거나 계속해서 요구하죠. 나는 그렇게 잘해줬는데 자꾸 나만 피해를 보고 상처를 받게 됩니다. 그러니 굳이 그럴 필요 없습니다. 특히나 불평만 하는 사람들은 더합니다. 그런 사람이 나를 인정한다 한들 언제 또 태도가 돌변할지 몰라요. 거리를 두는 걸 눈치채고 나를 욕하고 다닐 수도 있습니다. 하지만 사람들도 다 압니다. 사람 보는 눈은 다 비슷해서 모두를 험담하고 다니는 사람의 말을 다 믿지 않아요. 그가 하는 말을 그대로 믿고 같이 험담하는 사람이라면, 그 사람과도 거리를 두는 게 맞아요.

나를 힘들게 하고 상처 주는 사람은 나에게 소중한 사람이 아닙니다. 그런 사람과 좋은 관계를 유지하고 싶어하는 것은 쓸모없는 감정 소비이고, 내 인생을 낭비하는 일입니다. 내 인생에 소중하지 않은 사람에게 시간과 감정을 소모하지 마세요.

내 감정은 내 인생에서 정말 소중한 사람들, 나를 아껴주는 사람들, 사랑하는 사람들에게 나누어주어야 합니다.

"사람들 앞에 서는 게 두려워요"

저는 사람들 앞에 서면 공포가 밀려와요. 얼굴이 빨개지고, 심장이 터질 듯이 뛰어서 발표를 망쳐버리죠. 성인이 되면 나아질 줄 알았는데, 더 심해져요. 회사에서 발표해야 할 일이 있을 땐, 불안해서 한숨도 못 자요. 초등학생처럼 내일 갑자기 아파서 회사에 결근하면 좋겠다는 생각까지 듭니다. 발표강박이라고만 할 수 없는 게, 그런 경험이 쌓이다 보니 사람들을 만나는 것 자체가 무섭기도 합니다. 사람들이 '쟤 바보야?' 하며 수군거리고 비웃는 것처럼 느껴져요.

사람들 앞에서 혹시나 내 얼굴이 붉어질까 봐, 떨릴까 봐, 실수할까 봐 불안한 마음이 불안신경증으로 나타난 것 같습니다. 잘못했다, 실수했다, 얼굴이 붉어지고 창피하다, 부끄럽다는 것은 그 순간이 지나가면 괜찮아지잖아요? 그런데 불안신경증은 과거의 경험이 떠오르면서 미래에 그 일이 또 일어날까 봐 불안한 겁니다. 불안신경증을 넘어서 사회공포증으로 발전하는 경우도 있어요. 최초의 불안을 자극받은 경험에 대해 얘기를 들어보면 작은 사건인 경우가 많아요. 중학교 때 발표를 하는데 너무 떨어서 목소리도 떨리고, 교과서를 든 손도 덜덜 떨렸는데, 아이들이 "너 중풍 환자냐?" 하며 놀렸다는 겁니다. 나를 놀리던 그 아이들은 이제 없어요. 회사에, 내가 발표하는 자리에 나타나지 않아요.

"과거의 경험일 뿐이야. 이젠 그 일이 실제로 일어나지 않아."

이렇게 나 자신에게 말해주고 안심시켜주는 과정이 필요해요.

불안이란 '되도록이면 실수를 하지 말자, 잘하자'는 경고의 의미입니다. 적당하면 긍정적인 결과를 불러올 수 있어요. 우리는 시험 점수를 잘 못 받을까 봐 불안하니까 공부하고, 살이 더 찔까 봐 불안해서 몸매 관리도 하고 운동도 합니다.

'오늘 잘 못하면 어떡하지?'

'망신당하면 어떡하지?'

적당한 불안은 에너지로 전환해서 쓸 수 있습니다. 일어나지 않은 상황에 대해서 불안해하고 힘들어하는 건 '나는 완벽해야 한다, 좋은 평가를 받아야 한다'는 생각에 사로잡혀 있기 때문입니다. 생각을 바꿔보세요.

'나는 완전하지 않다. 잘하지 않아도 괜찮다. 오늘 잘 못하면 다음에 잘하면 된다.'

이렇게 스스로에게 계속 말해주는 것도 도움이 됩니다. 불안할 때 손을 계속 씻는 사람들이 있어요. 그들의 목표는 손에 있는 세균을 씻어내는 것이 아니라, 자신이 깨끗해졌다는 확신을 얻고 싶어서 스스로의 감정과 싸우고 있는 겁니다.

저는 불면증이 심해서 치료받은 적이 있어요. 그때 의사가 "오늘 밤은 자지 말고 글도 쓰고 음악도 듣고 책도 읽으면서 새벽 여섯 시까지 버틴 다음 바로 문자 주세요"라고 했어요. 그런데 그날은 이상하게 잠이 쏟아지더라고요. 이 치료법은 불안하고, 두렵고, 공포스럽게 만드는 것들과 대면하게 하는 '역설지향기법'입니다. 도망치지 말고, '그래, 나는 원래 사람들 앞에 서면 많이 떤다. 사람들의 비웃음을 즐겨보자! 더 떨어서 사람들을 웃겨보자!' 이렇게 마음먹어보세요. 또는 '오늘 발표는 망쳐보자! 사람들의 비웃음을 제대로 사보자!' 이렇게도 생각해보세요.

완벽하다는 평가, 좋은 평가를 받고 싶은 마음이 너무 커서 불안하고 도망치고 싶은 겁니다. '사람들이 나를 비웃을 거야'라고 단정하고 사람들을 두려워하고 피하지 마세요. 사람들은 떨고 있는 사람, 주눅 든 사람을 보면 도와주고 격려해주려는 마음이 먼저 듭니다. 두려움과 맞서는 용기를 내보세요.

"왜 그 사람은 입만 열면 잘난 척할까요?"

입만 열면 잘난 척하는 사람과 옆자리에 앉아서 일해요. 세상에 모르는 게 없고, 자기 판단이 다 맞고, 주목받아야 합니다. 들어주기만 하면 되는데, 문제는 제가 아주 피곤하다는 거예요. 어떤 날은 두통약을 먹어야만 합니다. 꼴 보기 싫지만, 매일 봐야 하는데…… 어떡하면 좋을까요?

잘난 척하는 사람 곁에 있으면 피곤하죠? 사람들은 왜 잘난 척하고 싶은 걸까요?

잘하고 싶고, 인정받고 싶은 욕구가 커서 그렇습니다. 인정받고 싶은 게 나쁜 건 아니죠. 더 노력하게 되니까요. 하지만 타인에게 인정받고 싶은 욕구가 커지면, 자존감이 낮아지고 나를 과대포장하게 돼요. 과대포장을 하면 남들 눈에 더 빨리 띕니다. 그러다 '자기과시가 심해서 꼴불견인 사람'이 되는 것이지요.

잘난 척하는 사람의 내면을 들여다보면 열등감에 시달리고 있는 경우가 많아요. 자신감이 커 보이지만 실은 극심한 불안감에 시달리고 있는 거예요.

있는 그대로의 내 모습을 사람들에게 보여주면 사람들의 관심을 받지 못할까 봐 더 자신 있는 척, 우월한 척하기 위해서 과장하고 포장하느라 심리적으로는 방전 상태일 겁니다. 항상 자신을 포장해야 하기 때문에 외로움도 많이 탑니다. 자존심은 센데 자존감은 낮은 사람들이 있어요. 남에게 지기 싫고 좋은 평가를 받고 싶은 욕망은 강한데, 실제의 자기 모습엔 자신이 없으니까 겉만 포장하느라 신경은 예민해져 있고 타인의 평가에 아주 민감해집니다. 자존감은 더 낮아지고 우울함에 빠지기 쉬워요.

사람은 누구나 '자기애'가 많아요. '나는 내가 참 좋다. 이 정도면 괜찮은 사람이야. 나는 장점이 많다' 정도의 자기애는 정신건강에 좋아요. 나를 지키는 건강한 에너지, 건강한 자존감의 뿌리가 됩니다. 하지만 지나친 자기애는 타인에게 인정받고 사랑받고 싶은 욕망에 집착해서 타인의 평가에 목숨을 걸게 만들어요. 자신을 포장된 이미지로 유지하기 위해서 경력을 부풀리고, 거짓말을 많이 하는 사람들도 있습니다. 자신을 인정하지 않는 사람들에게는 공격적인 행동을 서슴지 않죠.

'최고가 되고 싶다'는 욕망과 실체가 드러날까 봐 불안한 마음이 충돌해서 타인의 눈치를 보게 됩니다. 진짜 자기 모습을 들키기 싫어서 더 자신 있는 척, 우월한 척 연기하느라 에너지를 많이 소모합니다. 나의 가치를 외부세계와 타인의 평가에 맡길 때, 겉으로 보이는 외모와 사회적 지위에 집착하게 됩니다. 그리고 외부세계를 원망하죠. 나를 몰라주는 세상에 대한 울분을 토합니다. 매일 지옥에서 사는 셈이죠.

남들의 인정을 못 받으면 어때요? 있는 그대로의 솔직한 내 모습을 좋아해주는 사람을 만날 기회를 스스로 차단해선 안 됩니다. 나를 과장하고 포장할수록 사람들은 내 곁을 떠납니다. '있는 그대로의 나'를 사랑할 때 진정한 '자기애'가 생기고 자존감도 높아집니다.

잘난 척하는 사람들은 늘 불안한 마음으로 상대의 눈치를 살피고 있다는 걸 기억하세요. 연민의 감정을 가지고 불쌍한 마음으로 바라보세요. 이 글을 읽다 보니, 나도 '나르시시즘'에 빠져 있는 걸 알게 되었다고요? 자주 내 마음을 점검하고 자제하면서 건강한 자기애를 키워나가면 돼요. 내가 만나고 있는 연인이, 내 가족이 나르시시즘에 빠져 있는 것 같다고요? 건강한 자기애로 발전시킬 수 있도록 '그 사람만의 매력'을 발견하고 응원하고 격려해주세요.

"화부터 내는 상사에게
어떻게 대처해야 할까요?"

저희 팀장님은 말이 별로 없으셔서 마음을 읽기가 힘들어요. 주로 무표정으로 듣고 계시다가 버럭 화를 냅니다. 심장이 나빠질 정도예요. 모든 의사표현이 화를 내는 것으로 표출되는데, 본인은 팀원들이 화를 내게 만드니까 화를 낼 수밖에 없다고 당당하게 말합니다. "당신이 나를 자꾸 화나게 만들잖아!" 이런 식이죠. 사실 이분이 화내는 패턴이 우리 아버지랑 똑같아요. 그래서 제가 더 주눅 들고, 깜짝 놀라는 것 같기도 해요. 얼굴 마주 보고 대화를 나누는 것 자체가 공포입니다.

　내가 잘못한 게 있고, 상대가 이유 있는 화를 낸다면 나를 돌아보는 계기가 될 수 있겠지만, 상대가 나에게 상습적으로 화를 낸다면 참기만 해선 안 돼요. 이 사람이 나에게 왜 화를 내는지, 내가 어떻게 대응해야 할지 전략을 짜야 합니다.
　당황하면 정곡을 찌르는 대응을 하기 어렵습니다. 상대가 버럭 화를 내면, 당황해서 나도 모르게 변명을 하게 되지요. 내 잘못이 아닌데도 말이에요. 그럴 때면 우선, 무조건 참고 들으세요. 그가 나에게 왜 화가 났는지, 그의 요구사항이 무엇인지 정보를 수집하는 겁니다. 이때 혼자 화내면서 말하다 보면, 상대방은 자신의 논리가 빈약함을 깨닫고 민망해하는 경우도 있습니다.

화를 내는 건 상대에게 문제가 100퍼센트 있기보다 자기 내면에 있는 문제를 상대가 자극했다는 10퍼센트 이유에 덤터기를 씌우는 경우가 다반사이기 때문이죠. 그러면 심리전에서 당신이 이깁니다.

듣고 난 후 상대의 감정 서술어를 따라 하세요.

"아, 제가 ○○○ 해서 화가 나셨군요."

"그랬군요. 제가 ○○○ 이라고 말해서 짜증이 나신 거군요."

첫말은 그 사람의 감정에 공감해주면서 시작합니다. 그래야 동물의 뇌가 시키는 대로 화를 내고 있는 상대를 제압할 수 있습니다. 자신의 감정에 공감을 해주면 화내기를 멈출 가능성이 큽니다. 공감받았기 때문에 안도하는 거죠. 그다음에 내가 하고 싶은 말들을 이어나가면 됩니다. 이런 사람들일수록 조금만 귀 기울여 들어주고 공감해주면 오히려 내 편으로 만들기가 쉽습니다.

그때 그렇게 했어야 했는데 하며 곱씹고 괴로워하지 말고 용기 내어 내 감정을 말하세요.

"심정은 충분히 이해됩니다. 하지만 제 감정도 고려해주시면 좋겠습니다."

상대에게 '네 감정'만 생각할 게 아니라 '내 감정'도 유추해보라고 부탁하는 거예요. 사람에 따라서는 더 크게 화를 낼 수도 있어요.

"내가 왜 네 감정까지 생각해야 하는데?"

이때는 생각을 말하지 말고 단호한 표정으로 소망을 말하세요.

"저는 ○○님과 좋은 관계를 갖고 싶고, 제가 ○○님을 존중하는 것처럼 저도 존중받고 싶은 소망이 있습니다. ○○님 말씀을 잘 듣고 수용할 준비가 돼 있습니다."

이렇게 말해도 도통 말이 안 통하는 사람이라면 정말 상대할 가치가 없는 사람이에요. 더 이상 정서적인 관계 회복을 위한 대화는 시도하지 않아도 됩니다. 내 자존감을 떨어뜨리는 사람으로부터 나를 보호해야 할 의무가 내게 있습니다. 정서적인 관계를 끊으세요. 회사 동료들 모두와 잘 지낼 필요는 없습니다. 일만 효율적으로 협력하는 관계로 지내면 됩니다. 동료와 친구를 구별하세요. 동료가 친구처럼 내게 잘 대해주기를 기대하면 나만 힘들어집니다.

"또라이 같은 팀장님 때문에 힘들어요"

우리 팀장님은 '자기 말만 합니다. 남의 말은 아예 듣지를 않아요. 특기는 무시하기, 팀원들에게 모멸감 주기, 면박 주기. 그러면서도 "나는 꼰대가 아니야. 열린 리더야"라는 말을 입에 달고 삽니다. 팀워크가 제일 중요하다며 티타임, 회식을 얼마나 좋아하는지 몰라요. 결국 자기 말만 하면서. 제가 만난 지구 생명체 중에서 제일 별로인 사람이에요. 지혜로운 대처법이 없을까요?

가장 좋은 방법은 '무시하기'입니다. 소극적인 것 같지만 가장 적극적인 방법입니다. 하지만 가끔 보는 관계라면 몰라도 매일 얼굴 보면서 일해야 하는 경우라면 무시하고 지내기가 힘들지요.

전국 어느 회사를 가든, '또라이' 팀장 때문에 괴롭다고 호소하는 이들이 많아요. 직급이 높아지면 왜 '또라이'가 되는 걸까요? 우리는 아래에 있을 때부터 좋은 어른들의 모습을 보고 잘 배워두어야 합니다. 또라이 상사를 반면교사로 삼을 수도 있습니다. 스트레스는 받겠지만 나를 성장시킬 가장 엄한 트레이너를 만난 거라고 정서 대처를 해야 합니다. 관계로 인한 스트레스 중에서 가장 힘든 경우는 상사와의 갈등입니다.

제가 상담한 적이 있는 한 직장인은 자기 사수를 청부살인하고 싶은 충동까지 느낀다고 말했을 정도입니다.

직장인들은 상사에게 받는 고통을 어떤 식으로 표현하고 있을까요? 제가 대기업에 강의를 나갈 때, 대리급 교육생 1000명을 대상으로 설문조사를 해봤어요.

1. 참고 표현하지 않는다. (60퍼센트)
2. 소극적이지만 표정으로 싫은 내색을 한다. (20퍼센트)
3. 나가서 담배 피운다. 퇴근해서 술로 푼다. 집에 가서 잔다. (20퍼센트)

화가 나는데도 적극적으로 대응하지 못하는 이유 중 80퍼센트가 '어차피 문제가 해결되지 않을 것이므로'라고 답했습니다. 그 외에 '일이 커질까 봐' '평판이 나빠질 것 같아서' '인사고과에 영향을 받을 것 같아서' 등이 있었어요.

말해봤자 소용없고 보복당할까 봐 두려워서 꼰대 상사에게 '넵'이라는 1음절로 답하고 2음절 이상 대꾸하지 않는다는 '넵무새(넵+앵무새)'족도 있습니다. 명령이든 질문이든 바로바로 '넵' 1음절만. '넵무새'가 되어서 소심한 복수를 할 뿐이라는 겁니다.

내 존재의 의미를 찾으면서 행복하게 사는 것이 인생의 목적인데, 나의 존재를 흔들 정도로 모멸감을 주는 사람이 있다면 대응해야 합니다.

좋은 말로 할 때 통하는 사람이 있는 반면, 충격요법을 써야 겨우 멈추는 사람도 있습니다. 이런 사람은 참아줄수록 상대를 바보로 봅니다. 계속 참으면 자기 말이 맞는다고 자만심에 빠져서 한 술 더 뜹니다. 모든 사람에게 일괄 적용되는 '대인관계 처세술'은 없습니다. 사람 봐가며 그 사람에 맞게 대처해야 합니다.

꼰대 상사가 혼자 떠들 때는 반응을 하지 마세요. 딴짓하면 꼬투리 잡히니까, 정면으로 바라보고 눈은 그를 응시하되, 무표정으로 바라보세요. 긍정하는 반응을 하지 않는 게 중요합니다.

꼰대 상사도 어쩌다가 내 말에 귀 기울일 때가 있을 겁니다. 그때를 놓치지 말고 칭찬해야 합니다.

"팀장님은 경청가인 것 같아요. 대화의 달인은 달변가가 아니라 경청가래요. 잘 들어주셔서 감사해요."

우리 팀장은 아무 말도 안 통하는 꼰대라고요? 그럴 수 있습니다. 공감 능력이 전혀 없고 눈치마저 없는 꼰대는 세상에서 가장 외로운 사람입니다. 다른 곳에서는 자기의 꼰대짓을 받아줄 사람이 없으니까, 꼰대짓 할 수 있는 곳에 와서 발악을 하는 거예요. '나 외로워! 잘난 척하고 싶은데 세상에 너희들 말고는 아무도 들어주는 사람이 없어. 여기서라도 골목대장 하고 싶어. 제발 좀 들어줘!' 비명을 지르고 있는 중입니다.

'도저히 못 참아주겠어! 이번 달에 회사를 그만둬버릴 테야! 한 번만 더 나한테 막말하면 의자를 집어 던져버리고 욕하고 사직서 낼 테야!'

이런 마음이 욱하고 올라오는 날이 있을 겁니다.『명심보감』이 주는 교훈을 기억하세요.

한순간의 분노를 참으면 오랫동안 근심 걱정해야 할 일을 면하게
된다.

참을 수 있으면 먼저 참고, 경계할 수 있으면 먼저 경계하라. 참지
못하고 경계하지 못하면 일이 커진다.

사표 내면 안 돼요. 이직해도 그런 꼰대는 또 있습니다.
상대는 바꿀 수 없어도 내 마음은 바꿀 수 있습니다.

"매번 트집 잡는 상사 때문에 이직하고 싶어요"

진상 고객은 한 번만 참으면 되니까 참을 수 있고, 거래처 사람들은 진상을 부려도 회사 차원에서 대응이 되는데, 사사건건 트집 잡고 거짓말하는 상사는 피할 수가 없으니까 못 견디겠습니다. 질문 안 한다고 뭐라 해서 질문하면 그것도 모르냐고 짜증 내고, 알아서 처리하라고 해서 처리하면 왜 마음대로 했느냐고 면박 주고요. 성과가 잘 나오면 제가 한 일도 다 자기가 한 일로 만들고 자기가 한 일이 잘못되면 제 잘못으로 책임을 떠넘깁니다. 언변이 어찌나 뛰어난지, 그 사람 거짓말이 제 진심보다 더 설득력이 있습니다. 회사 사람들도 이분이 거짓말한다는 건 다 압니다. 하지만 매일 당하고 있자니 정신질환까지 생깁니다. 저는 불면증에 불안증, 강박증이 생겨서 출근할 생각만 하면 심장이 뛰고 아침에 눈 뜨는 게 고통스럽습니다. 자살하고 싶다는 생각까지 듭니다. 조용히 이직을 해야 할까요? 선배들은 방법이 없으니 참으라고만 하는데…….

"무시하고 마음수양하면서 참고 참았는데, 정신과 약을 먹을 정도로 괴롭히는 상사가 있으면 어떡합니까? 이직하는 것만이 답일까요?"

기업에서 강의할 때 자주 받는 질문 중 하나입니다.

상식을 넘어서는 괴롭힘을 당하고 있다면 내 마음을 제어하는 것만으로는 안 됩니다.

먼저 동료들과 함께 이 고민을 공유하세요. 함께 일하는 여러 사람의 이야기를 들어보면, 위로도 받고, 내가 생각지 못했던 지혜로운 대응 방법을 찾을 수 있습니다. 만약 상사가 나에게만 이런다면 '직장 내 괴롭힘'에 해당하는 사안입니다. 괴롭힘이 심해져서 퇴사를 하게 된다면, 정신적인 피해에 대한 보상도 받아야겠지요.

직장 내 인간관계 갈등을 상담하기란 사실 어렵습니다. 구성원들의 분위기와 그 회사의 특수한 상황이 있기 때문입니다. 가장 쉬운 방법은 나를 괴롭히는 상사를 보지 않는 것입니다. 다른 부서로 옮기거나 이직을 하는 것이죠. 하지만 좋은 방법은 아닙니다. 동료들과 머리를 맞대면 의외로 좋은 방법이 나오기도 합니다. 그래도 뾰족한 대응법을 찾지 못했다면 제가 제안하는 것들을 고려해보세요.

"조용히 이직을 해야 할까요?"라고 말씀하셨지요? 이직까지 고려할 정도라면, 할 말은 한번 해봐야 하지 않겠습니까? 조용히 그만두는 건 회피하는 거예요. 옮긴 직장에서 비슷한 상사를 만난다면 가슴이 벌렁거려서 일을 제대로 할 수 있겠어요? 이 상태로 그만두면, 다음 직장에서도 상사 트라우마 때문에 손해를 볼지도 모릅니다. 용기를 내야 합니다.

먼저, 업무에서 성과가 나면 내가 한 일도 다 자기가 한 일로 만들고, 자기가 한 일이 잘못되면 내 잘못으로 책임을 떠넘겨버리는 경우입니다. 이렇게 성과 가로채기를 하는 사람이 꽤 많습니다. 자기 실수를 나에게 덮어씌우는 경우도 마찬가지입니다. 자기기만에 빠진 꼰대들은 자기가 거짓말을 하고도 반성할 줄 모릅니다. "우리 때는 다 그랬어. 나는 더 당했어." 이런 변명이나 하고 말이지요. 하지만 거짓말하는 상사는 결국 궁지에 몰리게 마련입니다.

상습적으로 내 성과를 가로채는 경우엔 조용히 찾아가서 말해야 합니다. 예의 바르되 무표정으로, 눈을 보면서 말해야 합니다. 사람들이 보는 앞에서 말하면 망신당했다는 생각 때문에 오히려 복수의 대상이 됩니다.

"부장님 덕분에 제가 많이 배워서 성과를 낼 수 있었습니다. 다 부장님 덕분입니다. 하지만 제 이름도 한 번은 거론해주시면 앞으로 더 열심히 할 힘이 날 것 같습니다."

이렇게 말해도 부끄러움을 모른다면, 아랫사람을 만만하게 본다면, 인격장애가 있는 사람입니다.

이번엔 자기 실수를 덮어씌운 경우입니다. 동료들이 있는 자리에서 도전하세요. 증인들이 있을 때 해야 합니다. 최대한 정중하고 겸손한 자세로, 하지만 단호한 표정으로 또박또박 천천히 말하세요.

"부장님, 일이 잘못되어서 얼마나 속상하셨습니까. 제가 뒷받침을 잘 못해드려서 정말 죄송합니다. 하지만 모두 제 잘못으로 돌리시면, 제가 앞으로 부장님을 도와서 적극적으로 나서서 일할 용기가 나지 않을까 봐 걱정됩니다."

사사건건 트집 잡고 짜증 내는 경우에는 이렇게 대처해보세요.

"부장님, 제가 많이 부족한 거 압니다. 그래서 부장님께 잘 배우고 싶습니다. 부장님께서 요구하시는 대로 일하려고 모든 것을 메모하고 최선을 다했는데, 매번 틀렸다고 야단을 맞으니 자신감이 떨어지고 업무 처리를 할 때 불안합니다. 제가 자신 있게 일하면서 부장님을 잘 보좌할 수 있도록 조금만 존중해주시면 감사하겠습니다."

제게 상담을 청한 비슷한 사연을 가진 직장인들이 처음에는 말해봤자 소용없다, 응징만 당할 것 같다며 거부 반응을 보였지만, '어차피 그만둘 거 할 말이라도 해보고 그만두자'는 심정으로 용기 내서 직접 부딪쳐보는 방법에 도전했습니다.

결과는 80퍼센트가 의외의 성과를 거두었어요. 더 이상은 만만하게 보지 못하고 오히려 직원의 눈치를 보는 상황으로 역전한 사례들도 많다는 겁니다. 꼰대 상사를 위해서도 이렇게 말해주는 사람이 필요합니다. 공감이 무엇인지, 서로를 존중하는 대화는 어떻게 해야 하는지, 못 배우고 무지해서 독이 든 말을 내뿜고 있는 그 꼰대 상사에게는 이런 말을 해주는 동료가 한 사람도 없었기 때문에 그 지경에 이르렀을 수도 있으니까요. 나를 위해서, 회사를 위해서 용기를 내세요. 이직은 그다음에 결정해도 늦지 않습니다.

이런 사람은 동료들을 병들게 하는, 회사의 '독버섯' 같은 존재입니다. 조직의 최고 책임자나 인사 담당자에게 보고해야 할 사안입니다. 회사의 발전을 위해서도, 직원들의 정신건강을 해치고 업무에 지장을 주는 임원에 대한 경고 조치는 필요합니다.

"너무 독특한 동료 때문에 불편해요"

> 같은 부서 동료가 취향이 너무 독특하고, 회식에는 맨날 빠지며, 다른 동료들과도 소통이 전혀 안 돼서 사람들이 입사 동기인 제게 중간 역할을 부탁해요. 그 친구는 자기의 독특함이 편한가 봐요. 제가 아무리 노력해도 변하지 않거든요. 일은 못하지 않아서 상사들은 별말 없지만 자꾸 저만 스트레스를 받는데 어떡하면 좋을까요?

나와 많이 다른 사람과 매일 만나서 일을 해야 한다면, 심리적으로 불편합니다. 다른 것이 나쁜 것은 아니지만 불편한 건 사실이에요. 같이 일하는 관계라면 일만 같이 하는 수밖에 없어요. 일은 못하지 않는다니 일 때문에 동료들이 피해를 입는 건 아니겠네요. 얼마나 다행이에요? 그 사람은 즐겁게, 자기 방식대로 일하고 있는데 괜히 옆 사람들이 스트레스 받을 필요 있나요.

아주 개성이 강하고 자신만의 세계를 사랑하는 사람들이 있어요. 하지만 보기에 불편할 수는 있어도 나쁜 건 아니잖아요? '평범한' '표준적인' 범주에서 벗어나면 우리는 보통 '이상하다'고 평가합니다.

애써 평가하지 마세요. 타인의 인생을 평가하고 해석하려면 한평생을 투자해도 불가능할 거예요. 그 사람의 가족관계, 학창시절의 경험들, 친구관계, 관심사 등 모든 것이 융합돼서 한 존재가 만들어진 것이니까요.

나에게 피해를 주지 않는다면 그 사람의 이상한 점, 독특한 점들을 '그 사람만의 개성'으로 받아들이고 함께 일만 잘해나가면 됩니다. 회식 때도 그 사람이 편한 대로 그냥 두세요. 억지로 말 시키고 사람들과 친해지도록 엮어주려고 애쓰지 않아도 됩니다. 배려가 그 사람에겐 부담이 될 수 있어요.

동료와 친구를 구별하세요. 동료에게 친구 역할까지 하려고 애쓰지 마세요. 상대가 원치 않는 친절을 베풀면서 혼자 스트레스 받지 마세요. 도움을 청할 때 도와주면 됩니다. 그 사람은 자기만의 세계에서 외롭지 않게 잘 지내고 있는 건지도 모릅니다. 나는 나, 너는 너, 서로 존중하며 함께 일하는 것이 슬기롭게 회사생활하는 요령입니다.

2장

관계를 살리는
공감대화법

공감의 힘

얼마 전, 지방 강의를 마치고 돌아오는 길에 김포공항행 비행기 안에서 긴급상황이 발생했어요. 이륙 직후부터 한 여성이 공포에 질려서 울기 시작했습니다.

"무서워요! 죽을 것 같아요!"

승무원들이 달려갔지만 울음소리는 더 커졌습니다. 객실 탑승자 중에 의사는 없는 상황이었습니다.

"승무원님, 제가 의사는 아니지만 도움을 줄 수 있을 것 같아요. 저분, 호흡곤란이 있나요?"

"없어요. 극도로 공포스러워서 그런 것 같아요. 좀 도와주실 수 있나요?"

"저를 옆자리로 옮겨주세요."

"지금은 매우 불안정한 상태라, 저희가 먼저 진정시켜볼게요. 어떻게 대처하면 좋을지 알려주시겠어요?"

"손을 잡고 어깨를 감싸 안아주세요. 눈을 맞추고 편안한 표정으로 대화하세요. 불안과 공포를 느끼는 감정에 충분히 공감해주고, '우리가 끝까지 함께한다, 당신을 지켜줄 것이다. 당신은 지금 충분히 보호받고 있고, 안전하다'는 느낌을 받도록 해주세요. 진심으로 손을 잡아주시는 게 먼저예요. 그다음에 약이 필요하면 주세요."

앳된 얼굴의 승무원은 아주 침착하게 잘 대응했고, 수시로 내게 와서 다음에 어떻게 대처할지 물었습니다. 얼마 지나지 않아 울음소리가 그치고 대화를 나누는 소리가 들렸죠. 대각선 건너편에 앉은 나는, 줄곧 두 사람과 눈을 맞추며 웃어주었을 뿐입니다.

착륙하기 전, 승무원이 와서 물었어요.

"고객님, 감사해요. 조언대로 하니까 금방 가라앉더라고요. 앞으로도 이런 일이 발생하면 오늘처럼 하면 되겠죠?"

비행기에서 내린 후, 나이 많은 여성들이 그 여성에게 다가가서 '겁먹지 마라, 교통수단 중에 비행기가 가장 안전하다, 차라리 기차 타라, 다음에는 저가항공 말고 큰 비행기 타라……'라며 친절한 잔소리를 한마디씩 하더군요. 귀까지 빨개진 여성의 얼굴엔 빨리 공항을 벗어나고픈 심정이 가득해 보였어요. 애써 모른 척하며 걷다가 여성과 눈이 마주쳤어요. 그쪽이 먼저 목례를 했고, 나는 웃으며 손을 흔들어주고 빠른 걸음으로 앞서 걸었습니다. 택시를 기다리고 있는데 누가 내 등을 톡톡 두드려서 보니 그 여성분이더군요.

"고맙습니다."

"고생하셨어요. 저도 예전에 같은 경험이 있어요. 당신 곁엔 언제나 수호천사들이 있다는 걸 잊지 마세요. 우리 같이 회복해요."

저는 '공감의 힘'이 얼마나 강력한지 몸으로 배운 경험이 있어요. 수호천사 두 명을 만난 덕분이었죠. 8년 전, 뮌헨행 비행기 안에서 갑자기 호흡곤란이 와서 '이대로 죽는구나' 싶을 정도로 공포를 느꼈던 적이 있습니다. 난생처음으로 13시간 비행을 하게 된 날이었죠. 몇 년째 먹던 항우울제를 빠뜨리고 출국하는 바람에 비행기에 탑승하는 순간부터 불안과 공포가 밀려왔던 거예요. 눈앞이 노랗게 변하고 아무것도 보이지 않았죠.

"죽을 것만 같아요. 숨을 쉴 수가 없어요. 가슴이 터질 것 같아요!"

그때 누군가 나를 안아주고, 손잡아주고, 물을 먹여주면서 "괜찮아요. 여긴 안전해요. 우리가 지켜줄게요. 죽을 것 같다고요? 오, 그런 일은 결코 일어나지 않아요. 나를 믿어요. 내가 끝까지 지켜줄게요." 하며 끊임없이 나를 안심시켰어요. 금발의 60대 여자 승무원이었어요. 처음 본 여인의 품에 안겨서 잠이 들었는데, 깨어보니 이미 뮌헨 공항에 도착해 있었죠. 인사도 제대로 못하고 헤어졌지만, 그분의 따뜻한 체온이 지금도 기억이 납니다. 공감은 죽어가는 사람도 살릴 수 있겠다는 걸 몸으로 체험한 날이었습니다.

공감의 플라세보 효과

두 번째 수호천사는 말도 잘 통하지 않는, 독일 연구실에서 만난 연구원이었습니다. 약을 두고 와서 불안한 마음과 비행기에서 있었던 일을 털어놓았죠.

"걱정 마! 난 네 심정 공감해! 나도 비슷한 증상이 있어서 처방받은 약이 많으니 나눠 먹자. 매일 한 알씩 줄게. 환경이 갑자기 바뀌니까 두렵고 불안하지? 난 많이 좋아지고 있어. 우리 같이 회복하자."

그 말을 들은 순간부터 마음이 편안하게 가라앉았고, 선배가 주는 약을 매일 한 알씩 엄마 새가 주는 모이처럼 받아먹었죠. '독일산 항우울제가 나와 잘 맞는구나. 효과가 즉각 나타나네' 하고 생각했어요.

"상미! 햇볕 쬐면서 많이 걷고, 맛있는 거 많이 먹고, 수다를 떨어야 약효가 배가돼. 온종일 연구실에만 틀어박혀 매일 똑같은 소시지 빵만 먹으면 약 효과를 볼 수 없어. 나가자!"

선배는 틈만 나면 산책하자며 끌고 나가고, 슈바인스학세(독일식 족발)이며 쿠리부어스트(소시지 요리)를 잘하는 집으로 데리고 갔어요. 마당발인 그 선배 덕분에 다양한 사람을 많이 만났고, 독일 친구들을 사귀었죠.

"상미! 약 효과가 정말 좋지 않아? 너 우울증 다 나은 거 같은데?"

"네네. 우울, 불안, 불면 때문에 힘들었는데 요즘 많이 좋아지고 있어요. 약이 저랑 정말 잘 맞는 것 같아요. 귀국할 때 사가게 약 이름 좀 알려주세요."

귀국 선물로 1년 치 항우울제를 사왔다며 선배가 내민 상자에는 빨간색 운동화와 약병 다섯 개가 들어 있었죠. 약병엔 이렇게 쓰여 있었어요.

'멀티 비타민.'

플라세보(가짜 약) 효과의 위력을 깨닫게 된 순간이었어요. 가짜 항우울제인 '멀티 비타민'을 먹고 저의 우울증이 나은 건, '믿음이 정신과 신체에 끼치는 영향력'을 보여준 사례입니다. '나를 낫게 할 약이다'라고 믿고 복용할 때, 뇌가 정신과 신체에 영향을 끼친 거죠.

"걱정 마! 난 네 심정 공감해! 난 많이 좋아지고 있어. 우리 같이 회복하자!"

진심 어린 공감에 나는 마음이 안정됐고, 그의 말을 무조건 믿을 수 있었습니다. 공감이 불러오는 플라세보 효과는 고통을 사라지게 만드는 힘이 있었어요.

플라세보placebeo는 '나는 즐거워질 것이다'라는 뜻을 가진 라틴어입니다. 심리학에서는 '고통을 가라앉힌다'는 의미로 사용합니다. 환자에게 '가짜 약제'를 처방해도 치료 효과가 나타나는 경우가 많습니다. 가짜 약을 진짜 치료약으로 알고 복용한 환자에게 나타나는 치료 효과는 의외로 놀랍습니다. 한국인에게 가장 많이 처방되는 약 중의 하나가 '항우울제'인데, 그 효과를 검증하는 연구에는 '가짜 약과의 효과 비교'도 포함됩니다. '진짜' 항우울제를 복용한 환자와 가짜 약을 '항우울제'로 알고 먹은 환자의 치료 효과에 큰 차이가 없는 경우가 많습니다. 항우울제의 효능이 떨어지는 게 아니라, 약물에 대한 '심리적 믿음'이 효과를 창출한 것입니다. 플라세보 효과는 '효과를 믿는' 사람들에게 집중적으로 일어난다는 연구 결과도 있어요.

임상 참가자들에게 '가짜 약'이라는 걸 알고 투약했을 경우에도 참가자의 30퍼센트가 고통이 줄어드는 효과를 경험했습니다. 그들의 공통점은 '효과가 있을 거라는 믿음'을 가지고 있었다는 거예요.

'진심 어린 공감이 담긴 말'은 마음을 살리는 '플라세보 효과'를 창출합니다. 마음이 살아나야 주변의 관계도 살아납니다. '이 약을 먹으면 내가 나을 거야'라고 긍정적인 효과를 기대하는 것만으로도 우리의 뇌는 긍정적인 효과를 만들어낼 준비를 합니다. 믿음은 긍정적인 결과를 예상하게 만들고, 보상 시스템을 가동해 고통을 감소시킵니다.

심리학자 칼 로저스는 '따뜻함, 수용, 돌봄, 무조건적인 존중'이 심리치료의 필수 요소라고 말합니다. 한 단어로 줄이면 '공감'입니다. 심리치료의 핵심은 공감입니다. 공감은 생각보다 힘이 강합니다. 희망을 잃은 생명도 살리고, 멀어진 관계도 다시 잇습니다.

공감하는 대화의 기술

몇 년을 준비한 고시에 불합격한 청년들에게 어른들이 이런 말을 해요.

"살아보니 1년은 별거 아니야. 세월 금방 간다."

사고로 어린 자식을 잃고 상심에 빠져 식음을 전폐한 부모에게 이렇게 말합니다.

"산 사람은 살아야지. 애는 또 낳으면 돼."

사랑하는 사람과 헤어져 슬픔에 빠진 사람에게 이렇게 말하죠.

"더 좋은 사람 만나면 돼."

우리가 위로라고 생각하는 말들이 듣는 이에게는 '정서폭력'일 수 있습니다. '죽은 아이 나이 세기'를 같이 해주고, 망자와의 추억을 함께 되새기고, 슬픔에 빠진 사람 옆에서 손을 잡아주는 게 가장 좋은 위로일 수 있어요.

먼저 상대의 이야기를 잘 들어주는 연습을 해야 합니다. 말하기는 쉬운데 잘 들어주기란 참 어렵죠. '공감'이란 나의 마음을 통해서 상대의 마음을 헤아리는 거예요. 상대의 눈을 바라보고, 고개를 끄덕여주고, 손을 잡아주는 것. 공감은 말이 아닌 행동에서 시작됩니다.

상대의 아픈 마음에 공감해주는 것부터 시작해야 해요. 말로 위로하려 애쓰지 말고, 함부로 조언하지 말고, 설득하지 말아야 해요. 나이가 많다고 옳은 조언을 하는 것은 아니에요. 감정을 구체적으로 털어놓을 수 있도록 분위기를 만들어주고 잘 들어주면 됩니다. 마음 그릇에 슬픔과 분노 같은 부정적인 감정들이 꽉 차 있으면 긍정적인 감정들은 담길 자리가 없거든요.

같은 일을 겪더라도 마음 그릇이 작은 사람일수록 더 아프기 때문에 그들의 말을 잘 들어주면서 부정적인 감정들을 빨리 비워낼 수 있도록 도와줘야 해요. 그래야 편안함, 즐거움 같은 긍정적인 감정이 새로 담길 자리가 생기니까요. 충고나 훈계를 멈출 때 소통이 시작됩니다. 타인과 공감하는 대화를 하려면, 다음 네 가지를 기억하세요.

- 상대의 다른 점을 인정하고, 다른 삶을 이해한다.
- 상대의 감정을 포착하고, 존중하고 배려한다.
- 상대의 마음 문을 열어야 말문도 열린다.
- 감정 소통이 의사소통이다.

공감은 상대의 다른 점을 인정하고 그의 삶을 이해하는 것에서 시작합니다. 상대의 감정을 존중하고 배려할 때 마음의 문이 열립니다. 감정이 통해야 말이 통합니다.

저는 성인 재소자와 소년원 아이들의 심리치유 교육을 하고 있습니다. 재소자들의 공통점 중 하나는 공감 능력이 떨어진다는 거예요. 감정 조절을 못하고 욱해서 폭력을 휘두르고 살인을 저지르는 것은 타인의 고통에 대한 공감 능력이 없기 때문입니다. '저 사람이 얼마나 고통스러울지' 공감하지 못하는 것이에요.

자신과 타인을 사랑할 줄 모르는 사람 중에는 사랑받지 못하고 자란 사람이 많습니다. 사랑받고 존중을 받아본 사람은 타인을 사랑하고 존중할 줄 알며, 타인에게 육체적·정서적 폭력을 가하려 하지 않습니다. 나를 믿고 응원해주는 존재가 없으면 세상을 불신하고 상대를 파괴하고 싶은 충동이 생깁니다. 분노를 조절하지 못해요. 갈등

상황에 놓이면 순간의 분노를 조절하지 못해서 타인에게 해를 끼치는 거예요. 결국 자신의 인생을 망가뜨리는 일인데도 말이죠.

말로 가르치기보다 '그랬구나' 하는 말 한마디와 고개를 끄덕여 '공감'을 표현하면 추상적인 감정이 아닌 '실감'으로 상대에게 전달됩니다. 그 사람이 그렇게 행동하는 데는 다 이유가 있습니다. 결과만 놓고 이야기하는 것이 아니라 왜 그럴 수밖에 없었는지 사연을 들어주어야 합니다. "그랬군요"라고 먼저 공감해주면 상대에게 그 마음이 전해져서 지속적인 정서 교류를 할 수 있게 되고, 다시 공감 능력이 커지는 선순환 구조가 만들어집니다. 초지능 시대에도 AI가 끝내 인간을 추월할 수 없는 능력은 바로 공감 능력입니다.

요즘에는 기업이나 연구소, 대학에서 이루어지는 프로젝트가 주로 팀 단위로 진행되고, 개인의 성과도 팀의 성과에 달린 경우가 많습니다. 그래서 팀워크는 조직과 개인에게 매우 중요합니다. 2008년부터 2년간 MIT와 카네기멜론대학의 심리학자들은 과제를 주었을 때 상대적으로 성과가 좋은 팀의 특징을 분석해보았습니다. 699명을 2~5명으로 팀을 만들어 다양한 주제의 과제를 주었는데, 하나의 과제를 잘 해내는 팀은 다른 주제의 과제도 모두 잘 해냈습니다.

성과가 좋은 팀의 비결은 무엇이었을까요?

먼저 팀원들의 지능지수를 비교해보았더니 지능지수는 성과와 아무런 상관관계가 없었습니다.

다음은 팀 문화를 살펴보았습니다. 성과가 좋은 팀은 모든 팀원이 서열에 상관없이 평등하게 대화를 주고받았고, 성과가 나쁜 팀은 상급자가 발언을 독점하는 비율이 높았습니다.

마지막으로, 사람의 눈만 보여주고 감정을 알아맞히는 '눈으로 감정 읽기' 테스트를 통해 사회적 감수성을 측정하고 결과를 비교해보았습니다. 사회적 감수성이 높으면 상대방의 감정을 잘 헤아리기 때문에 그에 맞춰 대응을 잘할 수 있습니다. 예상대로 성과가 좋은 팀의 사회적 감수성 평균 지수가 월등히 높게 나왔습니다.

결론은, 팀원들의 공감 능력이 높을수록 팀워크가 좋고, 팀의 성과도 높았다는 것입니다.

조직 안에서 부정적인 시각으로 말하는 사람은 똑똑해 보이기도 합니다. 사실 상대의 실수를 지적하고, 단점을 찾아내어 말하기는 쉽습니다. 상대를 배려하지 않아도 되니까요. 게다가 평소에 불만이 많은 사람들의 공감을 쉽게 얻을 수 있겠지요. 하지만 그게 다입니다. 팀의 성과나 생산성에는 마이너스가 될 뿐입니다. 팀원들이 서로 공감하며 협력할 때, 개인이 할 수 없는 성과를 이루어낼 수 있습니다.

공감 능력 키우는 방법

공감은 상대의 마음을 상상하는 것에서 출발해요.

첫째, 문학작품, 영화, 드라마를 많이 보세요. 문학성이 높은 소설을 읽으면 타인에게 공감하는 능력이 향상된다는 연구 결과도 있습니다. 드라마나 영화를 통해서도 다른 사람의 생각과 감정을 알아차리는 능력이 높아집니다. 내가 아닌 다른 사람의 삶에 대해서 간접경험을 하고, 그의 처지에 서서 나라면 어떤 선택을 했을지, 어떤 말과 행동을 했을지 상상해보는 겁니다. 이때 사용하는 뇌 부위와 실제로 인관관계를 할 때 사용하는 뇌 부위는 거의 일치합니다. 타인의 마음을 상상해보는 것은 가장 좋은 공감 연습입니다.

둘째, 다양한 사람들과 토론을 많이 하세요. 취미활동으로 영화토론, 독서토론을 하는 것도 큰 도움이 됩니다. 타인의 마음을 들어보고 내 마음을 이야기하면 서로 공감 능력이 자랍니다. 타인의 마음을 읽는 능력을 얻을 수 있죠.

셋째, 말은 줄이고 경청하세요. 사람들은 자신의 말을 잘 들어주는 사람에게 호감을 느낍니다. 직장 내에서 많은 사람에게 호감을 얻는 사람은 '달변가'가 아니라 '경청가'입니다. 조직에서 존경받는 리더도 마찬가지예요. 겸손한 자세로 공감하는 눈짓과 표정을 지으면서 상대의 말을 경청하는 사람은 마음을 얻습니다. 경청할수록 공감 능력은 자랍니다. 타인의 마음을 얻을 수 있는 능력을 갖게 되면 모든 관계를 잘 유지할 수 있습니다.

생각이 아니라 소망을 말하기

한때 가까웠으나 지금은 관계를 끊고 서로 안 보고 사는 사람이 있나요? 말 한마디 때문에 원수처럼 서로를 미워하게 된 사람이 있나요? 그런 사람이 친구이거나 동료일 수도 있고, 가슴 아프지만 가족인 경우도 많습니다.

가까운 사람들과 원수 되고, 멀어지는 데 나의 대화법이 한몫한 건 아닌지 점검해보아야 합니다. 그것이 지금 바로 내 인생을 바꾸는 가장 빠른 방법입니다.

심리학 공부를 하면서 제가 가장 관심을 기울였던 주제가 '공감'과 '대화'입니다. 좋은 의도로 한 말도 제대로 전달하지 못하면 소통은 이루어지지 않습니다. 관계 연구 및 치료의 권위자인 존 가트맨 박사는 대화를 원수 되는 대화, 멀어지는 대화, 다가가는 대화, 세 가지로 구분했습니다. '원수 되는 대화' '멀어지는 대화'는 관계를 죽이는 대화이고, '다가가는 대화'는 관계를 살리는 대화입니다.

'공감대화'는 관계를 살리는 핵심 요소입니다. 공감대화는 이 한 문장만 기억하면 됩니다.

생각을 말하지 말고 소망을 말하세요.

이 원칙 하나면 충분해요. 사람을 살리고 관계를 살리는 공감대화의 원칙이에요. 물론 쉽지는 않습니다. 가까운 관계일수록 생각과 판단을 내뱉어서 상대의 감정을 상하게 하고, 서로가 원치 않는 말들을 주고받으면서 관계가 멀어지기도 합니다.

'같은 말을 다르게' 표현하는 연습을 해보세요. "그렇게 일하지 마"가 아니라 "나는 당신이 이렇게 하면 참 좋겠어"로 바꾸어 말하는 거죠. 상대에게 명령하는 게 아니라 부탁하는 거예요. 명령은 거부하고 싶은 반면 부탁을 받으면 너그러워져서 들어주고 싶은 마음이 생깁니다. 상대에게 긍정적인 감정이 생길 수 있는 말로 바꾸어 말하는 것은 매우 중요해요.

'저는 맹인입니다. 도와주세요'라고 적힌 팻말과 깡통을 앞에 두고 맹인이 거리에 앉아 있습니다. 아주 가끔 동전을 깡통에 던져주는 사람이 있습니다. 어느 날, 한 여인이 다가와서 팻말에 문장을 바꾸어 써놓고 갑니다. 그때부터 갑자기 도와주는 행인들이 급증합니다. 깡통에 동전을 던지는 것이 아니라, 조심스럽게 넣어주고 갑니다. 사람들의 행동이 바뀐 거지요. 나중에 여인이 다시 찾아왔을 때 맹인이 묻습니다.

"여기, 뭐라고 고쳐 쓴 거요?"

"같은 뜻인데, 다른 말로 썼어요."

팻말에는 이렇게 쓰여 있었습니다.

'아름다운 날입니다. 그런데 전 그것을 볼 수 없네요.'

'다른' 표현이 상대의 행동을 변화시킨 겁니다. 생각을 있는 그대로 말하지 않고, 소망으로 표현했을 때 일어나는 기적입니다. 상대의 마음에 '감사'를 불러일으킨 거예요. '내가 보고 있는 이 꽃을 보지 못하는 사람도 있구나. 볼 수 있다는 것은 감사한 일이구나!' 하는 긍정적인 감정이 일어나 사람들의 행동이 '타인을 돕는' 긍정적인 행동으로 바뀌었습니다. 말을 바꾸면 나의 세상이 바뀝니다.

누군가 내 감정을 자극할 때 잠시 멈추고, 좋은 반응을 선택하는, 대화 연습을 해봅시다.

[말할 때] 생각을 말하지 말고 소망을 말하세요

① 멈추기 자동적으로 떠오르는 생각(판단) 멈추기. 비난 멈추기. 나의 감정과 내가 원하는 것에 집중하기.

② 좋은 반응 선택하기 나의 감정과 내가 원하는 것을 고백하기. 내가 원하는 것을 소망으로 표현하기.

엄마 지금이 몇 신데 연락도 없이 이제 들어와? 손 없어? 왜 전화는 안 해? 친구들이랑 노느라 엄마 생각은 안 났지?

아들 엄마는 묻지도 않고 맨날 화만 내요! 폰 잃어버려서 찾아다녔던 거라고요! 나도 힘들어 죽겠다고요!

두 사람 모두 자동으로 떠오르는 생각(판단)을 말하고 있네요. 멈추고 좋은 반응을 선택해봅니다. 먼저 엄마의 말을 바꾸어볼까요?

엄마 늦게까지 연락이 없어서 너무 걱정했어.(솔직한 감정 고백) 늦을 땐 문자라도 한 통 해주면 좋겠어.(원하는 것을 소망으로 표현)

아들도 엄마의 화내는 말을 듣고 짜증 나고 억울하겠지만, 좋은 반응을 선택할 수 있습니다.

아들 엄마, 핸드폰을 잃어버려서 찾느라 연락도 못하고 늦었어요. 저도 너무 힘들어요. 그런데 엄마가 지레짐작하고 화부터 내시면 속상해요.(솔직한 감정 고백) 화내기 전에 저한테 사정을 물어봐주시면 좋겠어요.(원하는 것을 소망으로 표현)

같은 뜻이지만 다르게 표현해보세요. 생각을 말하지 않고 소망으로 표현할 때 죽이는 말이 살리는 말로 변합니다.

사람이 복작복작한 어린이대공원 입구에 일곱 살 아들과 아빠가서 있습니다. 아빠가 엄한 표정으로 경고합니다.

> 아빠 아들, 여기 사람 엄청 많지? 아빠 손 꼭 잡고 놓으면 안 돼. 너
> 여기서 아빠 잃어버리면 고아된다!

하지만 아들은 아빠 손을 놓고 뛰어다니기 바쁩니다. 아빠는 표현을 바꿔보기로 했습니다.

> 아빠 아들, 이 많은 사람들 속에서 너를 잃어버리면 아빠가 너를 못
> 찾을까 봐 걱정되고 불안해.(솔직한 감정 고백) 오늘 아빠 손을 꼭 잡
> 고 있어주면 안 될까?(원하는 것을 소망으로 표현)

아이는 온종일 아빠 손을 놓지 않았습니다. 그리고 수시로 아빠에게 물었습니다.
"아빠, 지금도 불안하세요? 걱정하지 마세요. 제가 아빠 손을 꼭 잡아줄게요!"
우리의 뇌 속에는 행동을 명령하는 스위치가 있어요. '명령'을 들었을 때는 행동 스위치가 올라가지 않아요. 하지만 '부탁'을 들으면 상대를 도와주고 싶은 마음이 행동 스위치를 올립니다. 같은 뜻이지만 다르게 표현해보세요. 생각을 말하지 않고 소망으로 표현할 때 상대의 행동이 바뀝니다.

내가 듣기 싫은 말들, 나에게 상처가 되는 말들 속에도 나를 걱정하는 마음, 내가 잘되기를 바라는 마음이 들어 있다는 걸 기억하세요. 불쾌한 감정부터 올라오면 상대의 마음을 읽어내기가 싫어집니다. 내 귀에 필터를 장착해야 합니다. 왼쪽 귀에는 상대의 '감정을 상상하는 필터'를, 오른쪽 귀에는 '상대가 원하는 것을 해석하는 필터'를 장착하세요. 그리고 심호흡을 한번 하면서 필터를 작동하세요. 죽이는 말을 듣고도 살리는 말로 답할 수 있어요.

> 김 상무 박 과장, 보고를 그렇게 하면 그동안 고생한 거 보람이 없잖아요. 언제까지 벌벌 떨면서 할 말도 제대로 못할 거예요?

박 과장이 오늘 임원회의에서 중요한 보고를 했나 봅니다. 많이 떨어서 보고를 제대로 못한 거 같네요. 상무님이 말을 저렇게 하면 박 과장 입장에선 무척 자존심이 상하겠군요. '아, 재수 없어. 자존심 상해. 확 때려치울까?' 이런 마음이 불쑥 올라올 겁니다. 하지만 마음 상하면 박 과장만 손해지요. 이때 박 과장은 귀에 해석하는 필터를 장착해야 합니다. 나를 보호하기 위해서죠.

> 김 상무의 감정 내가 떠느라 발표를 제대로 못해서 답답했겠지. 그동안 고생한 거 보람이 없을까 봐 걱정해주는 거겠지.

김 상무가 원하는 것 내가 앞으로는 떨지 않고 할 말 제대로 하길 바라는 마음일 거야.

괴테가 말했어요.

사람은 자신이 아는 것만 들을 수 있다.

사람은 누구나 자기 기준에서 듣고 판단합니다. 상대의 말 속에 숨은 뜻을 듣는 연습을 하지 않으면 관계는 힘들고 내 마음은 지옥이 됩니다.

공감을 표현하는 방법

이제, 펜을 들고 실전 연습을 해봅시다.

새벽 6시. 주말 내내 몸살을 앓은 딸이 출근 준비를 하고 있네요. 아직 열도 많이 나고 근육통이 심하지만 오늘은 회사에 꼭 나가야 합니다. 대충 걸쳐 입고 현관으로 나가니, 어머니가 과일과 보약이 든 가방을 들고 현관문 앞에 서 계십니다. 딸보다 먼저 일어나서 준비하셨네요.

엄마 옷이 그게 뭐냐? 그렇게 얇게 입고 돌아다니니까 맨날 아프지!

딸 내가 아프고 싶어서 아파요? 아파도 출근하는 사람한테 화내고 야단쳐요? 제가 놀러 돌아다녀요? 나 요즘 힘들어 죽겠다고요!

딸은 결국 엄마가 준비한 가방도 받지 않고 현관문을 쾅 닫고 나

갑니다. 엄마는 가방을 들고 쫓아나가며 딸 이름을 불러보지만, 코앞에서 엘리베이터 문이 닫혀버립니다. 딸이 자기를 무시하는 것 같아서 너무 속상합니다. 엄마는 "자식한테 희생해봤자 소용없어. 내가 미쳤지"라며 혼잣말을 하고 돌아섭니다.

먼저 엄마의 말을 공감대화로 바꾸어볼까요?

엄마 옷이 그게 뭐냐? 그렇게 얇게 입고 돌아다니니까 맨날 아프지!

→ (솔직한 감정 표현하기, 원하는 것을 소망으로 표현하기로 말해보세요.)

_____

_____

예시 자주 아프니까 엄마가 걱정돼.(솔직한 감정 고백) 너 옷을 좀 따뜻하게 입고 다니면 좋겠어.(원하는 것을 소망으로 표현)

이제, 딸의 말을 바꾸어봅시다.

딸 내가 아프고 싶어서 아파요? 아파도 출근하는 사람한테 화내고 야단쳐요? 제가 놀러 돌아다녀요? 나 요즘 힘들어 죽겠다고요!

→ (솔직한 감정 표현하기, 원하는 것을 소망으로 표현하기로 말해보세요.)

_____

_____

예시 엄마, 일도 바쁜데 자꾸 아파서 저도 속상해요. 그런데 엄마가 야단치듯이 말씀하시니까 더 속상해요.(솔직한 감정 고백) 아픈 몸으로 출근할 때는 부드럽게 말해주면 좋겠어요. 나도 엄마한테 위로 받고 싶어요.(원하는 것을 소망으로 표현)

엄마의 말 속에는 '나를 걱정하는 마음, 내가 잘되기를 바라는 마음'이 들어 있다는 걸 딸이 놓쳤군요. '감정을 상상하는 필터'와 '상대가 원하는 것을 해석하는 필터'를 작동해봅시다.

엄마의 감정은?

_____

_____

예시 딸이 자주 아프니까 걱정하고 있다. 평소에 건강한 컨디션을 유지하도록 보살펴주고 싶다.

엄마가 원하는 것은?

_____

_____

예시 딸이 따뜻하게 입고 다니면 좋겠다. 몸을 잘 챙기면 좋겠다. 건강하길 바란다.

딸의 감정은?

_____

_____

예시 일도 힘든데 엄마가 내 마음을 몰라줘서 속상하다. 엄마가 화 내듯 말하니까 화가 난다. 아파도 일하러 가는데 '돌아다닌다'고 말 하니까 억울하다.

딸이 원하는 것은?

_____

_____

예시 공감받고 싶다. 위로받고 싶다.

자, 다른 집 문을 한번 열어볼게요. 부부가 앉아서 저녁 식사를 하고 있군요. 아내가 남편에게 하소연할 일이 있나 봅니다.

> **여자** 여보, 나 오늘 윗집 여자 때문에 정말 열 받아 죽는 줄 알았어.
>
> **남자** 왜 또 열 받고 그래.
>
> **여자** '왜, 또'라니! 내가 웬만해선 화 안 내는 거 알면서! 윗집 애들 은 맨날 뜀박질해도 관리실에 항의 한 번 안 하고 참아줬잖아. 다른 집 같으면 층간소음 신고하고 난리 쳤을 텐데 다 참아줬다고. 그런

데 오늘 우리 집 베란다 공사하느라 소음 좀 난 걸 가지고 바로 내려와서 항의를 하더라니까! 그러니 열 받지 안 받아?

남자 소음이 좀 심했겠지. 내가 보기에는 윗집 아주머니 성격 좋은 것 같던데. 당신이 너무 예민한 거 아냐?

여자 말을 말자. 성격 좋아 보이는 그 아주머니랑 친하게 지내! 아우, 당신을 내 편이라 생각하고 말을 꺼낸 내가 바보지. 평생 남의 편이나 들어봐. 늙어서 아프기만 해! 끓는 죽 입에 팍팍 떠 넣어줄 테니까!

이 남편은 착한 사람이고 싶어해요. 웬만해선 싸우지 않고, 누가 잘못해도 이해하려고 애쓰고, 나와 내 가족이 손해 보고 양보해서라도 주변 사람들과 잘 지내면 좋겠다고 생각하는 사람이죠. 그런데 딱 한 명, 아내에게만 '나쁜 사람'이라는 말을 들어요. 이 남자가 정말 내 아내가 성질이 나쁘고 윗집 아주머니가 성격이 좋다고 생각해서 아내를 나무라는 걸까요?

여자는 매번 속상합니다.

"남편은 저에게 전혀 공감해주지 않고 늘 다른 사람 편이에요. 너무 섭섭해요. 남편은 저를 사랑하지 않는 것 같아요."

남자는 매번 억울합니다.

"제 아내는 마음이 약하거든요. 상처를 잘 받아요. 상대 앞에서는 말 못하고 저한테 털어놓으면서 화내고 울기도 하죠. 저는 아내가 다른 사람에게 감정 상하지 않고, 두루두루 잘 지내면 좋겠어요. 그래야 아내 마음도 편하지 않겠어요? 아내를 위해 중재자 입장으로 말하는 건데 아내는 남의 편이라고 비난해요. 어떻게 말해야 아내가 제 진심을 알아줄까요?"

남자의 말 바꿔보기

상대의 감정이 상해 있을 땐 그 감정에 공감해주세요. 아내가 스트레스 받지 않고 윗집과 잘 지내는 것도 중요하지요. 그래서 "소음이 좀 심했겠지. 내가 보기에는 윗집 아주머니 성격 좋은 것 같던데. 당신이 너무 예민한 거 아냐?"라고 말했겠지만, 아내 입장에서는 '예민하다고 지적받았다' '내 남편은 윗집 아주머니 편을 든다'라고 받아들이게 돼요.

공감이 먼저예요! 사람들은 내 감정이 공감받을 때 내가 배려받고 있구나, 존중받고 있구나, 사랑받고 있구나라고 느낀답니다.

> **여자** 여보, 나 오늘 윗집 여자 때문에 정말 열 받아 죽는 줄 알았어.
>
> **남자** ('감정 서술어 따라 하기'와 '질문하기'로 말해보세요.)
>
> _____
>
> _____
>
> _____
>
> **예시** 아이고, 당신 열 받았구나.(감정 서술어 따라 하기) 어떤 일이 당신을 열 받게 했어?(질문하기)

여자 윗집 애들은 맨날 뜀박질해도 관리실에 항의 한 번 안 하고 참아줬잖아. 다른 집 같으면 층간소음 신고하고 난리 쳤을 텐데 다 참아줬다고. 그런데 오늘 우리 집 베란다 공사하느라 소음 좀 난 걸 가지고 바로 내려와서 항의를 하더라니까! 그러니 열 받지 안 받아?

남자 (공감하고, 지지하고, 걱정해주기'로 말해보세요.)

_____

_____

_____

예시 그랬구나!(공감하기) 나라도 열 받았겠다.(더 공감하기) 그래도 성격 좋은 당신이 너그럽게 이해해줘야지 어쩌겠어. 웬만하면 잘 지내야 당신 마음이 편하니까. 나는 당신이 계속 스트레스 받을까 봐 걱정돼.(지지하고 걱정해주기)

여자의 말 바꿔보기

상대가 내 말에 공감해주지 않으면 당연히 속상하고 화가 납니다. 하지만 상대의 마음을 '판단'하고 '비난'하는 것을 멈추고, 나의 '감정'과 '느낌'을 솔직하게 말하고, 내가 '원하는 것'을 '소망'으로 표현하는 것이 '살리는 대화'입니다.

여자 (솔직한 감정 표현하기, 원하는 것을 소망으로 표현하기로 말해보세요.)

_____

예시 여보, 내가 속상해서 하소연하는데 당신이 나를 예민하다고 하고, 윗집 아주머니 성격 좋아 보이더라고 하면 내가 너무 속상하지 않겠어? 내가 문제 있는 사람처럼 느껴지고 당신이 윗집 아주머니 편드는 것처럼 느껴져서 섭섭해.(솔직한 감정 고백) 이웃끼리 잘 지내길 바라는 당신 마음은 아는데, 내가 속상해서 말할 때는 내 마음에 공감을 좀 해주면 내가 덜 속상할 것 같아.(원하는 것을 소망으로 표현)

내가 속상해서 가까운 사람에게 하소연했을 때, 이렇게 공감하고 지지하고 걱정해주는 사람이 있다면 기분이 어떨까요? 내가 듣고 싶은 말을 상대에게 해주세요. 남녀의 대화는 좀 더 공부할 필요가 있습니다. 서로의 타고난 차이를 알면 소통하는 데 큰 도움이 됩니다.

저는 판사님들을 대상으로 공감과 소통 강의를 종종 합니다. 가정법원 판사님들께 '부부가 이혼하는 이유'에 대해 질문했더니 '의사소통의 문제' 때문이라는 의견이 가장 많았습니다. 우리는 보통 '성격 차이' 때문이라고 생각하는데, 성격 차이는 이혼과 상관이 없다는 게 심리학자들의 의견입니다. 가정법원에서 열리는 이혼소송 재판을 보신 적이 있나요? 쌍방이 서로 "말이 안 통한다"라며 상대를 비난합니다. 제가 가족상담을 할 때에도 가장 많이 듣는 말이 "이 사

람하고는 말이 안 통한다"였어요. 같은 한국말을 쓰는데, 왜 말이 안 통하는 걸까요?

의사소통은 감정 소통이기 때문입니다. 말이 안 통하는 이유는 감정이 안 통하기 때문입니다. 내가 왜 화가 났는지, 무엇이 섭섭한지, 어떤 말 때문에 불쾌한 감정이 생겼는지 표현해야 상대가 알고 사과를 하든지 변명을 하든지 할 텐데, 내 감정을 표현하지 않고 마음의 문을 닫기 일쑤입니다. 좋은 감정은 말하지 않아도 표정과 눈빛, 몸짓으로 더 많이 전달되지요. 하지만 상대와 나 사이에 부정적인 감정이 생겼을 때는 말로 표현해야 합니다.

"그걸 말로 해야 알아?"

가까운 사이에서 가장 많이 하는 말이지요. 특히 여자들은 연인이나 남편이 내 상한 감정을 몰라줄 때 '저 남자는 나를 사랑하지 않아!'라고 판단해버립니다. 남녀가 싸울 때, 여자가 남자에게 가장 많이 하는 말은 이겁니다.

"내가 왜 화났는지 아직도 모르겠지?"

이때 남자들은 정말 긴장합니다. 함부로 여자들의 감정을 어림짐작했다가 틀리기라도 하면 비난의 숯불을 뒤집어써야 할지도 모르니까요.

"당신은 내가 왜 섭섭한지 아직도 모르잖아. 유치하게 다 말하고 싶지 않아."

이럴 때 남자들의 뇌는 심한 고통을 느낍니다. 고문을 받을 때와 비슷한 정서적 고통을 느낀다고도 합니다. 상대를 비난하고, 판단하고, 내 생각을 쏟아붓는 말은 관계를 죽이는 말입니다. 여자들은 기억해야 해요. 남자들은 여자들의 감정을 유추하기 힘들어요. 무심해서, 무시해서, 사랑하지 않아서가 아닙니다.

첫째, 호르몬이 다릅니다. 남성 호르몬 테스토스테론은 감정을 읽는 능력을 방해합니다. 2011년 미국 국립과학아카데미에서 재미있는 연구 결과를 발표했습니다. 실험에 참가한 16명의 여성들을 두 그룹으로 나누어 다양한 표정의 얼굴 사진들을 보여준 다음에 '이 사람들이 무슨 생각을 하고 무슨 감정을 느끼고 있을까'라는 질문을 했어요.

실험군 그룹에는 여성들의 혀 밑에 테스토스테론을 집어넣고, 대조군 그룹은 아무런 조치도 취하지 않았습니다. 그랬더니 실험군 여성들은 평소보다 타인의 감정을 추론하는 능력이 현저히 떨어졌습니다. 테스토스테론이 '상대의 눈빛을 읽는 능력'을 방해해서 감정을 추론하는 능력을 감소시킨 것이었어요. 이 실험으로 테스토스테론이 마음을 읽는 능력에 직접적인 영향을 끼친다는 사실이 밝혀졌습니다.

둘째, 뇌 영역의 차이 때문이에요. 2013년 영국 에든버러대학의 스티븐 로리 교수가 이끄는 연구진이 다수의 남녀를 모아서 남자팀, 여자팀으로 나눈 후에 뇌 스캔 장치를 머리에 착용하게 한 다음 실험에 들어갔습니다. 다양한 표정의 남자 또는 여자의 얼굴 사진을 한 장씩 보여주면서 질문합니다. "이 인물과 친해질 수 있겠습니까?"

실험 결과 남자들이 여자들보다 답을 하는 데 훨씬 오래 걸렸습니다. 순간적으로 감정을 읽고 판단해야 하는 상황에서 남자가 여자보다 시간이 오래 걸리고 잘 판단하지 못하는 경향이 높았습니다. 남자들의 뇌는 사교적인 신호를 이해해야 할 때 전두엽의 혈류가 증가하면서 더 열심히 활동해야 했습니다. 이처럼 과도하게 활동하는 부분을 보상하기 위해 공감하는 일에 뇌를 적게 쓰기 때문에 남성은 타인의 감정을 읽어내는 능력이 여성보다 떨어집니다.

여자는 남자에게 자기감정을 구체적으로 설명해야 하고, 남자는 여자에게 다정하게 질문해야 합니다.

"화가 난 것 같은데, 이유를 내게 말해줄 수 있어? 남자는 원래 호르몬과 뇌의 차이 때문에 타인의 감정을 잘 읽지 못한대. 내가 당신의 감정을 잘 읽을 수 있으면 좋겠는데, 잘 모르겠어. 그래서 답답해."

"화가 난 게 아니야. 내 생일을 기억하지 못하는 당신에게 섭섭한 마음이 들어서 눈을 마주치기 싫었던 거야. 나는 매년 당신 생일을 챙겨줬는데, 당신은 항상 기억을 못하니까 너무 섭섭하더라고. 당신이 나를 사랑하지 않는 것 같아서 내가 초라하게 느껴졌어. 이젠 내 생일도 기억해주면 좋겠어."

내 감정과 느낌을 솔직히 고백하고, 내가 바라는 것을 소망의 표현으로 말하는 연습이 우리의 관계를 살립니다. 서로의 차이를 알면 공감하고 소통하기 쉬워집니다.

남자의 말 여자의 말의 차이점

남자의 대화	여자의 대화
핵심만 짧게 말하는 것이 좋은 대화다.	상대가 이해하기 쉽도록 전후 맥락을 자세히 말하는 게 좋은 대화다.
사석보다는 공석에서 말을 잘하고 많이 하고 싶다.	공석에서는 필요한 말만 하고, 사석에서 편하게 말을 많이 하고 싶다.
일할 때도, 일상에서도 정확한 사실과 풍부한 정보를 나누는 대화를 하고 싶다.	사실과 정보를 나누는 대화는 일할 때 중요하고, 사석에서는 공감을 얻기 위해 대화하고 싶다.
문제가 생겨서 괴롭다면, 빨리 해결책부터 찾아야 한다. : 해결책을 제시하는 능력을 보여주고 싶다.	해결책을 찾기 전에 문제가 발생해서 힘든 상대의 이야기부터 들어주는 게 좋다. : 위로와 공감을 먼저 해주는 게 중요하다.
내가 하고 싶은 말을 하고, 질문은 되도록 하지 않는 게 좋다. 본인이 하고 싶은 말을 하도록 기다리는 게 예의다.	자기 이야기만 하는 사람은 상대에 대한 배려가 부족한 거다. 질문이 없는 건 상대에게 관심이 없기 때문이다.
상대방이 말하는 도중이라도 사실을 확인하고, 모순을 바로잡을 필요가 있다.	말을 끊고 사실을 확인하고 자기 생각을 말하는 건 대화를 지배하고 싶기 때문이다.
자기주장이 강한 게 좋다.	경청과 공감이 먼저다.
수다를 떠는 건 시간 낭비다.	친밀한 관계 형성을 위해서 수다는 필요하다.

경청은 자세, 공감은 표현이 중요하다

소통의 핵심은 공감과 경청입니다. '경청'의 한자어는 '傾聽'이고 공감의 한자어는 '共感'입니다. 둘 다 마음 심心 자가 들어 있어요. 경청도 공감도, 마음을 다해야 하는 것입니다. 경청을 잘하는 사람이 진정한 공감 능력자입니다.

저는 어떤 분을 만난 이후 경청과 공감이 타인을 내 편으로 만드는 엄청난 위력을 가졌다는 걸 깨달았습니다. 저는 각 분야에서 자신의 꿈을 이룬 대가들을 만나고 인터뷰하여 일간지에 글을 쓰는 일을 3년간 했습니다. 모두 50명 정도 인터뷰를 했는데 그때 만난 '공감과 소통의 대가'를 소개하려고 합니다.

88서울올림픽 개회식과 폐막식 제작단장 겸 총연출, 2002한일월드컵 전야제 총연출, 경주 세계문화엑스포 총감독, 하이서울페스티

벌 총감독 등 국가 주요 행사 연출자, 30년간 방송국에 몸담으며 국민드라마 〈수사반장〉, 허준을 주인공으로 한 최초의 역사 드라마 〈집념〉 〈조선왕조 오백년〉 등 45편의 드라마를 연출한 드라마PD, 시사 프로그램 〈그것이 알고 싶다〉 기획자 겸 프로듀서, MBC TV 제작국장, SBS프로덕션 사장, 〈세일즈맨의 죽음〉을 비롯해 170편이 넘는 연극과 오페라 작품 연출, 1대 세종문화회관 이사장, 대학교수, 실크로드 경주 2015 예술총감독, 2019년 늘푸른연극제 '그 꽃, 피다' 연출자. 좁은 지면에 나열하기 힘든 일을 해낸 이는 1937년생 표재순 감독입니다. 이분은 예술가이자 기획자, 그리고 성공한 문화콘텐츠 사업가입니다. 이렇게 길게 나열한 이유는 한 사람이 이루어냈다고는 믿기 어려운 성공을 이루어낸 비결을 이야기하기 위해서입니다.

저는 2015년 표재순 감독님이 실크로드 경주 총감독을 하실 때 며칠에 걸쳐 긴 인터뷰를 한 적이 있어요. 저는 인터뷰할 때 30분 일찍 갑니다. 일찍 가서 약속시간에 맞춰 오는 상대를 반갑게 맞아주면 인터뷰를 끌어나가기가 상당히 수월하거든요.

그런데 그날은 표재순 감독님이 먼저 나와 계셨어요. 그다음 날엔 40분 일찍 나갔는데도 먼저 나와 계셨어요. 놀라는 저를 보고 그분은 "제 평생 수칙이 사람을 만날 때 먼저 나가서 기다리는 겁니다"라며 조용히 웃으시더군요.

두 번째 놀란 점은 표 감독님의 메모 습관이었습니다. 보통 인터뷰는 제가 질문을 하고 답변을 받는 식으로 진행되는데, 이분은 낡은 수첩에 저의 질문을 꼼꼼히 적었습니다. 그러고는 "이 질문은 이런 의미인가요?" 하며 한 번 더 정리해서 되물었습니다. 저는 그 태도에서 굉장한 힘을 느꼈어요. 저의 말을 고개를 끄덕이면서 들어주고 귀중하게 받아 적는 모습에 존중받고 있음을 느꼈습니다. 자연스럽게 마음속에서 충성심이 생겼고, 표 감독님의 인터뷰만 특별히 2회나 연재했습니다. 저는 그분이야말로 소통의 능력자라고 소개했습니다.

"회의를 할 땐 되도록 한참 어린 후배들 이야기를 많이 들었어요. 열심히 경청했어요. 그들이 보는 데서 메모하고 녹음했는데, 그게 자신의 의견이 반영되고 있다는 믿음을 준 것 같아요. 그러니 자연스럽게 모두가 주인의식을 갖게 되더라고요. 조직에서 가장 필요한 아이디어는 젊은 사람들의 머리에서 나옵니다. 그들과 이야기하고, 듣고, 의견을 반영하고, 같이 공부를 했어요. 제 성공 비결요? 많이 듣고, 모임 시간에 가장 먼저 가서 기다리고, 모임이 끝나면 한 명 한 명에게 당신의 말을 잘 들었다, 큰 도움이 되었다, 고맙다고 인사를 했어요. 그러면 다 나를 도와주려는 내 편이 됩니다."

제가 만난 존중받는 리더들의 공통점은 달변가가 아니라 경청가였습니다. 공감과 소통은 경청에서 꽃이 핍니다. '경청'하고 '공감'하는 능력을 기른다면, 더욱 깊은 신뢰관계를 맺을 수 있습니다.

'죽이는 대화'를 버리고 '살리는 대화'를 하기 위해서는 먼저 상대가 하는 말을 잘 들어야 합니다. 상대의 말을 충분히 들어주는 것은 '그의 욕구를 충족시키고 내가 원하는 것도 얻을 수 있는 대화'로 이끄는 지름길입니다.

하고 싶은 말이 있더라도 먼저 상대에게 말할 기회를 주고, 잘 들어주세요. 상대의 말을 들어보면 그가 진심으로 원하는 게 무엇인지 알 수 있어요. 상대의 본심이 무엇인지 알아내는 가장 쉬운 방법은 상대가 최대한 말을 많이 하도록 시간을 주는 것입니다. 그렇게 하면 상대의 욕구를 이해하고, 내가 무엇을 해줄 수 있는지 생각할 시간을 벌 수 있죠. 상대에게는 존중받고 있다는 마음을 줌으로써 상대가 내게 너그러워지는 효과도 있습니다. 물론 상대의 말을 들을 때는 상당한 인내심이 필요해요. 하지만 대화에서 내 목소리가 많이 들릴수록 실패한 대화이고 얻는 것보다 잃는 것이 많다는 사실을 명심하세요.

공감하는 대화가 가장 필요한 순간은 갈등 상황입니다. 이때 경청하는 자세와 공감하는 표현 기술을 응용해야 합니다.

첫째, 반드시 상대의 눈을 바라보아야 합니다.

둘째, 상대의 말을 자르지 말아야 합니다. 공감하는 말, 동조하는 말이라 할지라도 상대는 자신의 말이 잘리면 존중받지 못하고 있다는 느낌을 갖습니다.

셋째, 상대가 말을 끝맺을 때까지 고개를 끄덕거리는 정도로 공감의 반응을 보여주는 게 좋습니다.

넷째, 서술어를 따라 하면 효과적입니다.

"그래서 억울했군요."

"그래서 실망했군요."

다섯째, 다 듣고 난 뒤에 자기 의견을 말하기 전에 핵심을 정리해서 질문합니다.

"제가 ○○○ 해서 기분이 좋지 않았다는 거죠?"

상대의 말을 잘 경청한 뒤에는 다음과 같이 공감하는 말로 적극적인 화해를 시도해보세요.

첫째, '그랬구나'로 시작하고, 주어는 '나'로 시작합니다.

"그랬군요. 저라도 기분이 좋지 않았을 것 같아요."

"그랬군요. 제가 그 입장이었어도 억울했을 것 같아요."

둘째, 상대의 의견을 묻습니다. 이때 주어는 '우리'가 좋습니다.

"그럼 우리가 어떻게 하면 좋겠어요?"

"저는 우리가 이렇게 하면 좋을 것 같은데, ○○님 생각은 어떠세요?"

'우리'라는 단어는 '싸워야 할 대상'이 아니라 협력해야 할 대상, 즉 같은 편이라는 마음이 들게 합니다. '같이' 해결방안을 찾되 상대의 의견을 물어주는 게 좋아요. 그때 상대는 존중받는 마음이 들고 너그러운 마음으로 대화에 참여하게 됩니다.

셋째, 생각을 말하지 말고 소망을 말해야 합니다.

"○○님 말을 들어보니 왜 마음이 상했는지 이해가 돼요. 이제 제 마음을 말해도 될까? 저는 ○○님이 ○○○ 해주면 존중받는 느낌이 들어서 참 고마울 것 같아요."

경청하는 자세, 공감하는 표현을 익혔다면, '말 잘하는 법'을 배워볼까요? 『논어』에는 군자의 말과 행동에 대한 구체적인 지침이 많이 나옵니다. 존중받는 사람이 되려면 이 지침들을 기억하면 됩니다.

일을 할 때에는 민첩하게 하고 말을 할 때에는 신중하게 하라.

〈학이편〉

군자는 말은 어눌하게 하려 애쓰고 행동은 민첩하게 하고자 노력
한다.

〈이인편〉

'행동을 민첩하게' 하라는 말은 이해가 되는데, '말을 어눌하게
한다'는 뜻은 무엇일까요?

공자가 고향 마을에 가서 머물 때 조심스럽게 행동하고 신실한 마
음가짐으로 사람들을 대하느라 마치 말을 잘 못하는 사람, 즉 말이
어눌해 보일 정도였다고 합니다. 하지만 종묘나 조정에서는 말을 조
심스럽게 하면서도 잘했다고 기록되어 있습니다. 어눌해 보일 정도
로 조심스럽게, 하지만 해야 할 말만 핵심을 짚어서 간결하게 표현
하는 사람이 공자였습니다. 우리가 지침으로 삼고 배워야 할 말하기
입니다.

『명심보감』〈언어편〉에도 말에 대한 지침이 있습니다.

사람을 만날 때는 말을 10분의 3만 하고,
진짜 속마음을 전부 털어놓아서는 안 된다.
호랑이 세 마리의 입을 두려워 말고

오직 사람의 두 개의 모습을 가진 마음을 두려워하라.

입은 사람을 상하게 하는 도끼요, 말은 혀를 베는 칼이니

입을 막고 혀를 깊숙이 감추면 몸이 편안해져 가는 곳마다 견고할 것이다.

현대 심리학의 대화 법칙에서도 70퍼센트는 경청과 반응을 하고, 30퍼센트만 말하라고 합니다. 말은 최대한 신중하게 하라는 뜻이지요. 아무나 믿고 하고 싶은 말을 다 쏟아내선 안 됩니다. 듣는 사람의 마음은 알 수가 없습니다. 무조건 내 편이라고 믿어서는 안 됩니다. 해야 할 말과 하지 않아야 할 말을 구분하지 못하고 말을 많이 하다 보면 실수를 하게 됩니다. 결과는 나의 책임입니다.

관계를 성장시키는 대화법

"저희 팀장님은 항상 웃으면서 조롱하고 비난해요. 저는 방어하
느라 무표정으로 그분을 대하게 돼요. '농담한 걸 가지고 속 좁게 반
응한다'며 오히려 저를 탓하시는데, 너무 속상해요. 자기 말이 상대
에겐 조롱과 비난으로 들리는 걸 혼자만 모르는 것 같아요."

"저는 좋게 말하는데, 상대는 자꾸 감정이 상한대요. 저에게 말투
를 바꾸라고 합니다. 말투를 어떻게 바꾸죠?"

"제 남편은 제가 말만 하면 삐쳐요. 자기를 무시한다는 느낌이 든
대요. 의식해서 친절하게 말하려고 애쓰는데, 너무 어려워요."

"가족들에겐 좋은 말이 안 나와요. 가까운 사람과 대화하는 게 제
일 어려워요."

나쁜 습관 중에서도 '부정적으로 말하는 습관'은 가까운 사람들에게 큰 피해를 줍니다. 부모의 말하는 습관은 자녀에게 대물림되는 가장 강력한 유전자입니다. 학력, 나이, 성별을 불문하고 배우고 실천해야만 실력이 느는 게 대화 능력입니다. 말 속에는 보이지 않는 칼과 독이 들어 있어서 상대의 가슴에 상처를 내고 피 흘리게 하고 영원히 흉터를 남기기도 하지요. 우리 뇌는 긍정적 단어보다 부정적 단어를 더 구체적으로, 오래 기억합니다.

죽이는 말인 '단정 짓기' '후벼 파기' '무시하기' '비아냥거리기'를 살리는 말로 바꾸는 연습을 해봅시다.

단정 짓기

"그럼 그렇지."

"그럴 줄 알았어."

"네가 하는 일이 뻔하지!"

"이제 제대로 할 때가 되지 않았어?"

실수하거나 실패했을 때는 본인이 가장 속상합니다. 위로가 필요한 상황입니다. '그럴 줄 알았다'고 단정 짓는 건, '너는 실수하고 실패하는 게 당연한 부족한 사람'이라고 비난하는 것과 같습니다. 심지어 과거의 실수까지 들먹이면서 자기 말이 옳다는 걸 증명하려 한다면, 당사자는 기분이 어떨까요? 자존심을 처참하게 짓밟고 상대의 자존감을 죽이는 가장 나쁜 말버릇입니다.

그럴 땐 이렇게 말하는 연습을 해보세요.

[살리는 말]

"나도 그랬어. 그럴 수도 있어."

"많이 애쓴 거 내가 알아. 얼마나 속상할까?"

"나라면 속상해서 주저앉았을 텐데, 너는 나보다 강하니까 잘 이겨내리라 믿어."

"기회는 또 있어! 경험을 많이 쌓았으니까 다음엔 더 잘할 거야."

후벼 파기

"도대체 왜 그런 거야?"

"왜 맨날 그 모양이야?"

"난 이해가 안 돼. 어떻게 그럴 수 있어?"

"상식적으로 말이 된다고 생각해?"

예를 들어, 아들이 밖에서 3년 할부로 산 최신 스마트폰을 잃어버리고 왔다고 가정해봅시다. 또는 배우자가 주식에 투자했다가 손실을 봤습니다. 이렇게 혈압이 올라가는 상황에서는 교양 있게 말하기가 쉽지 않지요. 하지만 돌이킬 수도 없는 상황입니다. 그런데 자꾸 "도대체 왜 그랬는지 들어나 보자. 한번 말해봐!"라며 따지고 묻습니다. 후벼 파기 고수들은 친절한 말투로 묻고 또 묻습니다. "내가 정말 이해가 안 돼서 그래. 왜 그런 거야? 한두 번이 아니잖아."

저는 이런 화법을 '걱정을 가장한 후벼 파기'라고 부릅니다. 이미 자괴감으로 가슴속에서 피가 흐르고 있습니다. 가까운 사람이 공감하고 위로해주면 상처가 빨리 아물 거예요. 이럴 땐 이렇게 말하는 연습을 해보세요.

[살리는 말]

"이미 벌어진 일인데 속 태우지 말자."
"네가 제일 속상할 거야. 앞으로 조심하면 돼. 잊자!"

상처받은 이에겐 '무조건' 공감과 위로를 보내는 게 '살리는 말'입니다. 그러면 상대는 내가 듣고 싶어했던 이야기를 스스로 하게 돼 있습니다.

"내가 너무 바보 같아. 이런 실수 다시는 안 하도록 노력할게."

도저히 살리는 말이 나오지 않는다면 차라리 말을 하지 마세요. 살리는 말은 상대를 내 편으로 만들고, 죽이는 말은 반드시 관계를 죽입니다. 죽이는 말을 듣는 상대가 내 자식이라면? 우리 회사에 막 입사 한 신입사원이라면? 새싹이 자라는 화분에 날마다 뜨거운 물을 붓는 것과 같습니다.

무시하기

건드리면 자존심에 치명상을 입는 세 가지가 있어요. 바로 지식, 능력, 소유입니다. 이 세 가지에 대해 지적받으면 누구나 무시당한 기분이 들고, 마음에 상처를 받습니다.

> 지식 "그걸 몰라?"
> 능력 "이것도 못해?"
> 소유 "그것도 없어?"

부장님이 말합니다.

"박 대리, 입사 몇 년 차야? 이제 알아서 잘할 때도 되지 않았어? 아직도 그걸 모른단 말이야?"(지식)

아버지가 말합니다.

"너 서른다섯이야. 결혼이 코앞인데 아직 주택청약도 가입을 안 했단 말이냐? 네 사촌 동생은 지난달에 아파트 분양받았다더라. 청약이니 분양이니 관심이 없다고? 알아보면 혜택이 얼마나 많은데, 그걸 몰라?"(지식, 능력, 소유)

남편이 말합니다.

"당신도 공부 좀 해. 문서 작성하는 거 회사 다니면 평생 하는 일인데, 매번 물어? 아직도 엑셀 사용법도 모른단 말이야?"(지식, 능력)

엄마가 아들에게 말합니다.

"'관망하다'가 무슨 뜻이냐고? 무슨 말인지 몰라서 문제를 못 풀고 엄마한테 묻는 게 말이 되니? 고3이 '관망하다' 뜻도 몰라?"(지식)

오랜만에 만난 언니가 말합니다.

"너 아직도 로봇청소기 없어? 요즘 애 키우는 집들은 다 있어. 물걸레 청소까지 되는 걸로 하나 사라. 직장맘들은 그거 있어야 해. 돈은 다른 데서 아끼고. 내가 사줄까?"(소유)

전에 들어본 적도 있고, 내가 가까운 사람에게 해본 적도 있는 말이지는 않나요? 내가 당연히 아는 것을 상대는 모를 수도 있습니다. '그걸 몰라?' '이것도 못해?' '그것도 없어?'라고 묻는 말에는 '나는 당연히 안다' '나는 당연히 할 수 있다' '나는 당연히 있다'는 자만심과 상대를 얕보는 마음이 담겨 있습니다. 상대를 무시하기 때문에 이런 말이 나도 모르게 나오는 거예요. 나에겐 당연해도 그는 잘 모를 수 있고, 못할 수 있고, 없을 수도 있습니다. 내가 오해했을 수도 있고요.

걱정이 되어서 그랬다고요? 네, 맞습니다. 진심으로 걱정하는 마음이 있는데, 말로 표현하는 방법이 잘못된 경우가 참 많습니다. 내 감정이 '상대에 대한 걱정'이라면, 나의 진심이 '상대를 도와주고 싶음'이라면 제대로 표현해야 합니다. 말을 바꾸어볼까요?

[살리는 말]

부장님 _____

_____

_____

예시 박 대리가 입사한 지 5년 차인데, 아직 친절하게 알려준 선배가 없었네. 기획서 들고 와요. 설명해줄게요. 배울 준비 됐죠?

아버지 _____

_____

예시 네 나이도 있는데 청약통장도 없다니 걱정이 되는구나. 자산 관리를 잘하는 것도 중요하니 관심을 가지면 좋겠구나.

남편 _____

_____

예시 이 엑셀 시트가 복잡하긴 하네. 그래도 내가 매번 대신해줄 수는 없으니까 이번 기회에 배워봐.

엄마 _____

_____

예시 우리 아들이 아직 '관망하다'가 무슨 뜻인지 몰랐구나. 뜻을 모르는 단어가 나오면 인터넷 사전이나 국어사전에서 찾아보고 노트에 써놓으면 자연스럽게 외워질 거야.

언니 _____

_____

_____

예시 로봇 청소기가 써보니 참 편하더라. 애 키우는 집들은 수시로 바닥 청소해야 하니까 더 편한 것 같아. 너 요즘 육아에 야근까지 너무 힘들잖아. 물청소 겸용으로 하나 장만하면 좋겠다.

어떤가요? 메시지는 같은데 전혀 다른 느낌이지요? 상대의 자존심을 건드리는 말은 관계를 죽입니다. 같은 내용도 표현을 조금만 달리하면 내 진심이 전달되고, 상대는 나에게 고마움을 느끼게 될 거예요.

비아냥거리기

저는 어릴 때부터 엄마와 대화할 때 웃으면서 시작했다가 싸우면서 끝날 때가 참 많았어요. 엄마의 어떤 표현이 저를 자극했는지 생각해보면, 엄마는 '농담처럼 한 말' '칭찬을 바꾸어 표현한 말'인데 제 귀엔 '비아냥거림'으로 들렸던 말이었어요. 예를 들면, 항상 어질러져 있고 자유분방한 제 방을 큰맘 먹고 깨끗하게 치울 때가 있어요. 그러면 엄마는 꼭 와서 한마디하십니다.

"네가 웬일이야?"

"해가 서쪽에서 뜨겠다."

"오늘 왜 이래? 무슨 일 있어?"

"오늘 우리 집에 손님 와?"

"어차피 금방 어지를 텐데 뭘 이렇게 수고를 하시고그래."

저도 마음이 상해서 한마디합니다.

"그냥 쿨하게 칭찬하면 안 돼요? 꼭 비아냥거려야 해요? 즐겁게 청소하다가 마음이 상해요."

그러면 엄마도 서운해하며 말합니다.

"속 좁게 왜 그래? 농담한 걸 가지고. 뭔 말을 못하겠네……."

우리 집만 이런 대화가 오가는 게 아니더라고요. 제가 속이 좁은 것도 있지만, 엄마의 말투도 썩 기분 좋은 표현은 아니지요? 그런데 타인에게 이런 말을 들으면 마음이 더 상합니다.

자, 이번엔 강 대리가 일하는 사무실 문을 열어볼게요. 책상 위에 늘 서류가 복잡하게 쌓여 있고, 테이크아웃 커피 잔도 서너 개씩 모아두었다가 곰팡이가 피기 시작해야 갖다버리는 강 대리가 오늘은 웬일로 책상을 깨끗하게 치웠네요.

"야, 강 대리 웬일이야? 오늘 뭐 잘못 먹었어? 왜 청소를 하고 그래?"

박 부장과 양 과장도 모두 껄껄 웃으며 한마디씩 합니다.

"그러게! 오늘 해가 서쪽에서 뜬 거 맞지?"

딴에는 칭찬 반, 농담 반으로 웃자고 한 얘기겠지요. 하지만 강 대리는 짜증이 납니다. 말 속에 뼈가 있는 것 같기 때문입니다. 왜일까요?

받아들이는 사람 입장에선 100퍼센트 '비아냥거리기'로 들리기 때문입니다. '비아냥거리기'에는 상대가 나에게 갖고 있던 평소의 저평가가 고스란히 드러납니다. 평소에 참고 있던 불만을 표출하는 것처럼 느껴지기 때문이죠. 그래서 자존심이 상하고 상대에게 적대

감마저 싹틀 수 있어요.

상대를 칭찬해야 할 상황에서도 '농담'으로 위장한 '비아냥거리기'를 할 때가 있어요. 웃자고 한 말이라고요? 상대는 불쾌한 경우가 더 많아요.

어릴 때부터 가족들에게 이런 뉘앙스의 말을 많이 듣고 자란 아이들은 자존감이 낮아지기도 해요. 뭔가를 성취한 뒤에 순수한 칭찬을 받지 못하고 비아냥거리는 말을 많이 듣게 되면, '그래, 나 같은 게 뭐, 내가 하는 일이 다 그 모양이지 뭐' 식으로 자신을 저평가하게 됩니다.

농담은 '웃음'을 유발해서 관계를 좋게 만들 것 같지만 그렇지 않아요. 말은 정말 민감해서 내가 웃자고 한 말에 상대는 치명상을 입을 수도 있습니다. 성격이 예민한 사람을 대할 때는 더욱이 농담을 조심해야 합니다. 농담으로 시작된 감정싸움이 관계를 싹둑 잘라놓을 수 있으니까요.

[살리는 말]

엄마 _____

_____

_____

예시 어머, 쉬는 날인데 쉬지 않고 대청소를 했구나. 이 정도면 집 정리 프로그램에 나가도 되겠어. 정리의 여왕이 따로 없네!

박 부장 _____

_____

_____

예시 창의력이 뛰어날수록 책상이 어지럽대. 강 대리는 창의성도 뛰
어나고 정리 신공도 뛰어난데?

**마음 아팠던 말, 듣기 싫었던 말(속상했던 말, 섭섭했던 말, 기분 나빴던 말,
자존심이 상했던 말 등)을 쓰고, 듣고 싶은 말로 전환해보세요.**

1. _____

→ _____

2. _____

→ _____

3. _____

→ _____

4. _____

→ _____

5. _____

→ _____

누구도 남의 속마음을 알 수 없다

우리는 상대의 생각과 마음을 유추할 때가 많습니다. 자신도 모르게 '독심술'을 부리는 거지요. 독심술에 능한 사람일수록 상대에게 섭섭한 일, 기분 상하는 일이 많아집니다. 하지만 상대의 머리와 가슴속을 꿰뚫어보는 게 가능할까요?

'말하지 않아도 내 마음을 알아주면 좋겠는데, 몰라줘서 섭섭해.'

'이 정도는 말 안 해도 눈치껏 해야 하는 거 아니야?'

가까운 사이일수록 이렇게 기대하거나 실망하는 경우가 많습니다. 그가 보낸 텔레파시는 감지하지도 못하면서 자기가 보낸 텔레파시는 귀신같이 알아차려서 내가 원하는 걸 알아주면 좋겠다고 생각합니다.

사람의 마음은 추측으로 간파할 수 있을 만큼 단순하지 않습니다.

한 사람의 마음에는 한 사람의 인생이 담겨 있어요. 내 마음도 잘 알기 어려운데 어떻게 타인의 마음을 간단하게 짐작할 수 있겠어요. 그의 마음을 내 느낌대로 짐작해서 관계를 너무 쉽게 끊어버리기도 합니다.

26세 초등교사 한예란 씨는 3년째 사귀고 있는 남자친구와 함께 놀러 다닐 때가 가장 즐겁습니다. 아직 대학 4학년인 남자친구는 취업 준비를 하느라 바쁩니다. 학점이 만점에 가까운 남자친구는 취업 준비도 정말 열심히 합니다. 그래도 토요일 하루는 신나게 놀기로 약속을 했습니다. 그런데 남자친구는 4주째 이런저런 핑계를 대며 약속을 자꾸 다음 주로 미룹니다.

'자주 못 만나니까 마음도 멀어지는 거지?'

'아무리 공부할 게 많아도 나를 위해 일주일에 딱 한 번 시간을 내는 게 그렇게 아까울까? 자꾸 섭섭해지네.'

'아무리 바빠도 4주째 약속을 미루는 건 마음이 식었기 때문이야. 아니, 무심한 거야. 약속을 이렇게 안 지키는 걸 보면, 관계에 무책임한 사람이야. 성실하고 진실한 것만 믿고 결혼까지 생각했는데, 내가 사람을 잘못 본 것 같아.'

느낌은 확신이 되고, 그에 따라 사람 됨됨이를 판단하기에 이릅니다. 남자친구의 마음쯤이야 나의 독심술로 충분히 파악할 수 있다고 생각합니다. 주변 친구들에게 고민 상담을 하면서, '이건 이별해도 되는 이유지?' 하고 확인하는 단계까지 갑니다.

"나 너에 대한 믿음이 흔들리고 있는 것 같아. 우리 그만 만나자."

남자친구 김지훈 씨의 상황은 이렇습니다.

여자친구는 안정된 직장에 다니고 부모님이 입시학원을 운영하며, 잠실 48평 주상복합 아파트에 삽니다. 지훈 씨는 지방에서 서울로 유학 와서 4평 원룸에서 사는데, 아버지는 고등학교 때 돌아가시고 홀어머니는 혼자서 농사를 지으십니다. 지훈 씨는 아르바이트를 해 용돈을 벌어서 서울 생활을 하고 있습니다.

그런데 지난달에 형이 교통사고를 내고 합의금을 마련하지 못하는 바람에 구치소에 수감되었습니다. 홀어머니께 말씀 드리지 않고 혼자 무료 법률 자문을 받아가며 면회를 다니고, 피해자를 찾아가서 무릎 꿇고 빌자니 하루하루가 절망스럽습니다. 여자친구에게는 차마 이런 상황을 말할 수 없었습니다. 내 상황을 물어보지도 않고, 화만 내다가 이별 통보를 하는 여자친구에게 섭섭한 마음도 듭니다. 지훈 씨는 문자를 받고 참아왔던 눈물을 터뜨렸습니다. 그리고 답장을 합니다.

"그래, 예란아. 너는 나에게 너무 과분한 사람이야. 내가 너를 놓아주는 게 서로에게 좋을 것 같다. 내가 너를 만날 처지가 아닌 것 같아. 미안해."

답장을 받은 예란 씨는 너무나 실망스럽습니다. 역시나 자신의 독심술이 정확했다는 확신과 더불어 마음이 무너집니다. 섭섭함, 분노, 억울함. 그리고 초라해진 자신에게 화가 납니다.

두 사람은 이렇게 헤어졌습니다. 예란 씨가 지훈 씨에게 자신의 감정을 구체적으로 표현하고, 지훈 씨의 마음을 들어보려고 노력했다면 어땠을까요? 지훈 씨도 상황이 많이 힘들긴 하지만 용기 내어 여자친구에게 자신의 상황을 설명하고 이해를 부탁했다면 어땠을까요?

상담을 하다 보면, 이렇게 서로 독심술만 부리다가 이별하는 연인들을 자주 만납니다. 서로가 진정 원하는 것은 그게 아니었는데, 내짐작이 오해를 낳고, 오해를 진실처럼 받아들이는 '인지오류'가 관계의 연결을 끊어버린 것입니다.

사회생활을 하거나 관계를 맺을 때는 나의 생각과 감정을 진솔하게 상대에게 표현해야 하고, 상대의 마음도 물어서 그가 직접 설명할 기회를 주어야 관계가 지속될 수 있습니다.

입사 5년 차 박 대리는 회사에서 독심술을 부리고 있습니다.

'팀장이 나를 늘 불만스러운 눈빛으로 본다. 그래서 팀장이 내가 작성한 보고서를 읽을 때나 팀장 앞에서 프레젠테이션을 할 때면 유난히 눈치를 살피게 된다. 늘 불만 가득한 눈빛이야. 내가 마음에 안 드나 봐. 자기는 얼마나 잘나서? 상대를 제대로 인정해주는 걸 못 봤어. 늘 꼬투리만 잡지. 나를 너무 무시하는 것 같아. 재수 없어.'

박 대리는 팀장의 표정을 자신의 느낌으로 짐작하고, 팀장을 '재수 없는 사람'으로 낙인찍고 멀리합니다. 팀장 앞에서는 자동으로 자신을 방어하는 말과 행동을 하게 됩니다.

사실 상대의 마음을 내 느낌대로 짐작하는 독심술에는 대개 내 마음이 투영되어 있습니다. 더 잘하고 싶은 마음, 열심히 했는데 인정해주지 않는 팀장을 원망하는 마음 말이에요. 인정하는 말을 좀처럼 하지 않는 팀장 앞에서 발표하려니 꼬투리 잡힐까 봐 불안하고, 예상대로 인정받지 못하면 분노가 일고, 일하는 보람이 안 느껴져서 힘이 빠집니다. 그래서 내가 팀장을 싫어하면서 팀장이 나를 싫어한다고 느끼고 분노하고 있는 것일 수도 있어요.

'너의 마음은 이런 거지?' 하고 짐작했던 것들이 사실은 내 마음

의 반영일 수 있다는 것이죠. 이것을 정신분석 이론에서는 '투사'라
고 합니다.

　물론 노골적으로 무시하는 표정, 마음에 안 드는 표정을 지어서
상대의 마음에 상처를 주는 사람도 많아요. 하지만 불안한 내 마음
이 투사되어서 인지오류를 일으키는 경우는 아닌지 점검해볼 필요
가 있습니다.

상대가 나에게 불만이 있는 것 같다면, 나를 멀리하는 것처럼 느껴진다면, 상대에게 섭섭한 마음이 든다면, 오해받는 것 같아서 억울한 마음이 든다면, 상대를 멀리하기 전에 두 가지를 점검해보세요.

첫째, 내 감정이 상대에게 투사된 건 아닌지 생각해보기

둘째, 용기 내어 물어보기

"선배님, 요즘 저를 좀 불편해하시는 느낌이 자꾸 들어서요. 혹시라도 제가 선배님을 불편하게 만든 일이 있을까요? 실수한 게 있다면 말씀해주시면 좋겠어요. 제가 선배님 마음을 오해하는 건 아닐까 걱정돼서 용기 내어 여쭤봅니다."

"민혁 씨는 유머도 넘치고 활기찬 사람이어서 나도 민혁 씨와 잘 지내고 싶어요. 그런데 가끔 하는 농담에 제가 불편할 때가 있더라고요. 제가 농담을 좋아하지 않는 사람인가 봐요. 좀 고리타분하죠? 다른 이유는 없으니 걱정하지 마세요. 가끔은 민혁 씨의 밝은 성격이 부러워요."

사람의 취향은 서로 다르고, 싫어하는 것과 좋아하는 것도 다르므로 자주 보는 사람이라면 상대가 싫어하는 것, 예민하게 반응하는 것을 알고 조심할 필요가 있습니다. 상대가 싫어하는 것을 조심하는 것이 좋아하는 것을 해주는 것보다 먼저입니다. 독심술로 알아내긴 어려워요. 먼저 용기 내어 내 감정을 고백하고 상대의 마음을 물어보면 상대 또한 진심을 말해줍니다. 독심술로 멀어질 뻔했던 관계가 서로에게 미안한 마음, 고마운 마음으로 바뀔 수 있어요.

　48세 김세희 씨는 소수정예 과외학원을 운영하고 있습니다. 실장이 전화 상담이나 손님 접대를 잘해주어야 수업에 집중할 수 있습니다. 수업이 길어져 퇴근시간인 6시까지 끝나지 않을 때도 많습니다. 그런데 며칠째 실장은 6시만 되면 메모를 써놓고 칼퇴근을 해버립니다. 10분도 기다려주는 법이 없어서 뒷정리는 오롯이 김세희 씨 몫입니다. 오늘도 10분 늦게 수업을 마치고 나와보니 문의 온 사람들이 로비에서 기다리고 있고 실장은 또 퇴근을 하고 없었습니다. 이번이 세 번째입니다. 황당하고 짜증 나고 괘씸하기도 합니다. 며칠 후면 첫 월급을 주는 날인데, 그만 나오라고 해야 하나 고민이 됩니다. 사람을 잘못 뽑은 자신에게 더 화가 납니다.

　실장 39세 양정은 씨의 사정은 이렇습니다. 열 살 아들이 지적장애 2급입니다. 특수학교에 다녀오면 퇴근시간까지 돌봄 선생님이 보살펴주기에 직장 생활을 할 수 있었습니다. 편의점을 운영하는 남편은 밤 11시가 되어야 야간 아르바이트를 하는 학생과 교대를 하고 집에 올 수 있습니다. 그런데 최근 돌봄 선생님이 급하게 그만둘 사정이 생겼는데, 대신할 사람을 구하지 못했습니다. 6시 칼퇴근을 해야 통학 차량에서 내리는 아이를 픽업할 수 있습니다. 혼자서는 아무것도 못하는 아이입니다. 장애가 있는 아이가 있다고 말하면 괜히 편견이 생겨 직장에서 불편할까 봐 차마 말을 할 수 없었습니다.

김세희 씨는 저녁을 먹고 마음을 가라앉힌 후 용기를 내어 전화를 겁니다.

"실장님, 저녁 드셨어요? 첫 달이라 일이 힘드시지요? 그런데 요즘 집에 무슨 일이 있나요? 급히 퇴근하시는 걸 보면 집에 무슨 일이 있는 것 같아서 걱정이 돼요."

"원장님…… 정말 죄송합니다. 제 사정이 급하다 보니 무례하게 퇴근을 해버렸어요. 원장님께서 얼마나 화가 나실까 걱정을 하면서도 어쩔 수가 없었어요. 사실은……."

"아이고. 말씀을 하시지 그랬어요? 얼마나 속이 탔을까! 저 속 좁은 사람 아니에요. 저도 아이 키우는 엄마인데, 그 마음 제가 알지요. 사정을 말하고 휴가를 내거나 조퇴를 하지 그랬어요."

"직원이 저 하나고, 원장님은 요즘 너무 바쁘신데 제가 자리를 비우면 어떡해요. 6시까지는 제가 일할 수 있으니까 6시에 수업이 끝나기만을 기다렸어요. 최대한 피해를 안 드리면서 열심히 일하려고 했는데, 정말 죄송합니다."

"본인 사정이 이렇게 급한데, 제 사정을 걱정해줘서 고마워요. 하마터면 책임감 없다고 오해할 뻔했어요. 이렇게 책임감 있는 사람을. 내일부터는 5시 30분에 퇴근하세요. 사정이 있는 날은 더 빨리 퇴근해도 됩니다. 미리 말씀만 해주세요. 대학생 딸이 지금 방학이니까 나와서 엄마 일도 돕고 용돈도 벌라고 하면 돼요."

"진작 말씀드릴걸. 감사합니다. 원장님 마음 잊지 않고 더 열심히 일할게요."

진심을 말하는 용기를 내는 것은 쉽지 않아요. 하지만 한 번, 두 번 연습해보면 의외로 효과가 좋다는 걸 알게 돼요. 상대가 더 미안해하면서 잘해주는 경우도 많고요.

말하지 않으면 상대는 내 마음을 몰라요. 용기 내어 상대의 마음을 물어보고 내 마음을 표현해보세요. 관계가 더욱 단단하게 연결되는 걸 느낄 거예요.

내 감정을 말로 표현하는 법

우유부단하다, 결정을 잘 못 내린다, 의사표현을 잘 못한다, 답답한 성격이다……. 이런 고통을 호소하는 사람들이 있어요. '답답한 성격'이라는 건 없어요. 어떤 이유 때문에 행동을 주저하게 되는지 이유를 알면 '표현 잘하는 사람'으로 거듭날 수 있습니다.

저는 결정해야 하는 상황이 오면 불안하고 힘이 듭니다. 주어진 업무는 잘하는 거 같은데, 직접 추진해야 하는 업무는 자신이 없고, 결정을 해도 불안합니다. 차라리 누군가가 '너는 이거 해!'라고 지시해주는 게 오히려 맘이 편해요. 이런 제가 답답해서 스트레스를 받습니다.

본인이 우유부단하고 소심하고 답답한 사람처럼 느껴지지요? 그런 사람들의 심리를 가만히 들여다보면, 모든 일을 완벽하게 처리하고 싶은 강박과 불안이 많답니다. 자신의 실수를 용납하기 힘들어하지요. 99퍼센트 잘 선택하고 1퍼센트 실수해도 1퍼센트의 실수를 더 크게 받아들인다는 것인데, 이것도 생각하는 습관이거든요. 스스로에게 평소에 이렇게 말하는 연습을 해보세요.

"나는 나의 선택을 믿어."

"나는 늘 좋은 선택을 해."

"지나치게 신중하면 성공 확률이 낮대."

실수했을 때는 이렇게 말하세요.

"어떻게 매번 잘해?"

"실수를 통해서 잘 배웠어."

"다음엔 더 잘할 수 있어!"

저는 제 자신을 모르겠어요. 제가 무엇을 좋아하고, 무엇을 하고 싶어하는지 모르겠습니다. 항상 욕구불만 때문에 저도 가슴이 답답해요. 이러다 보니 회사에서는 물론이고 친구들을 만났을 때도 의견을 말하지 않아서 주변 사람들도 답답해합니다. 의사표현 장애가 있는 것 같아요.

자신이 좋아하는 것, 원하는 것을 파악하고 표현하는 방법을 모르는 거예요. 어린 시절에 부모에게 나의 감정을 표현하고 나의 욕구에 대해서 보상받는 '공감과 소통' 경험을 충분히 하지 못하면, 성인이 되어서 이런 어려움을 겪을 수도 있어요. 사실 자녀 양육 방식에 감정 코칭이나 공감대화법이 도입된 지 얼마 되지 않았기 때문에 우리는 부모에게 다음과 같은 질문을 듣고 대화를 할 기회가 거의 없었죠.

"뭘 원해?"

"지금 무엇 때문에 힘든지 말해줄 수 있니?"

"하고 싶은 게 뭐야?"

"너의 욕구를 솔직하게 표현해봐."

"우리가 어떻게 도와줄까?"

자기 의사를 표현하지 못하는 어린아이에게 양육자가 이런 질문을 친절하게 해줄 때 내가 원하는 것, 나의 솔직한 감정을 잘 표현하는 사람으로 성장할 수 있어요.

결정해야 할 상황, 대답해야 할 상황이 오면 불안하고 긴장이 될 거예요. 그때 잠시 멈추고 '나의 욕구'를 느껴보세요. 감정 단어를 평소에 익혀두는 것도 도움이 됩니다. 앞에서 질문했던 분은 분명히 '욕구불만' 때문에 가슴이 답답하다고 했어요. 자신의 문제를 이미 파악하고 있다는 거죠. 자신의 욕구가 표현되지 못한 채 가슴에 남아 있고, 그래서 답답함을 느끼고 있다면 구체적으로 표현하고 실행하는 연습을 해보세요. 내가 원하는 것, 나의 욕구를 구체적으로 알고, 그 욕구를 실행하는 현재형 문장을 완성해보세요.

1. **지금 마음속에 있는 욕구들**

   (나는 ○○을 하고 싶다)

   _____

   _____

   _____

   _____

2. **욕구를 실행하는 '현재형' 문장들**

   (내가 원하는 ○○을 위해서 ○○한다)

   _____

   _____

   _____

   _____

말보다 강력한 비언어

버락 오바마 전 미국 대통령은 소통 능력자로 유명합니다. 2011년 애리조나 총기난사 사건 추모연설 장면을 기억하나요? 아홉 살 어린 소녀의 죽음을 언급하다가 울컥하는 감정을 참느라 무려 51초 동안 말을 멈추었습니다. 눈물을 애써 참는 슬픈 표정과 눈물이 글썽이는 눈가에 멈춘 손, 흐느끼는 듯한 숨소리. 슬픔을 백 마디의 말로 표현하는 것보다 훨씬 더 강렬한 인상을 주었습니다. 이 연설로 오바마는 국민과 공감하는 대통령, 소통하는 대통령, 따뜻한 인품을 가진 대통령의 이미지를 전 세계에 각인시켰지요. 그의 탁월한 리더십은 의사소통 능력에서 발현된 것이었습니다. 레임덕 없이 임기를 마친 비결은 공감과 소통 능력이었죠.

우리는 의사소통의 핵심이 '말', 즉 음성언어라고 생각해요. 그래서 화술에 관심이 있는 사람은 스피치 학원에 다니면서 코칭을 받기도 하지요. 하지만 말보다 중요한 것은 비언어, 즉 표정, 눈빛, 몸짓입니다. 미국 사회학자 앨버트 머레이비언의 연구에 따르면, 타인과 의사소통을 할 때 영향을 끼치는 요소는 언어 7퍼센트, 시각 정보는 55퍼센트, 청각 정보는 38퍼센트라고 합니다. 말의 내용도 중요하지만 그 내용에 맞는 표정과 눈빛, 몸짓이 소통하고 공감하는 데 더 중요합니다.

의사 친구 여러 명과 '비언어'에 대한 대화를 나눈 적이 있습니다. 외과 전문의들은 수술 후 환자의 표정을 보고 환자의 통증과 상태를 파악한다고 하더군요. 신경이 마비되어 표정으로 표현할 수 없는 전신마비 환자들도 눈빛으로 의사에게 다양한 신호를 보내고요. 신경정신과 전문의는 환자의 표정, 눈빛, 몸짓을 섬세하게 관찰하는데, 이유는 심리 상태가 표정과 몸짓에 고스란히 나타나기 때문이라고 합니다.

사람들은 음성언어에 집중하느라 표정, 눈빛, 몸짓에 미처 신경 쓰지 못하는 경우가 많아요. 하지만 상대방의 뇌는 언어적 요소와 비언어적 요소를 광범위하게 연관지어서 해석해내고 있다는 걸 기억해야 합니다.

인간이 느끼는 대표적인 감정 일곱 가지는 '기쁨, 놀라움, 두려움, 슬픔, 분노, 혐오, 관심'입니다. 얼굴 표정은 이 감정들을 섬세하게 표현할 수 있는 능력을 가지고 있습니다. 눈동자, 눈썹, 입, 얼굴 전체의 근육을 통해서 수십 가지의 감정을 미세하게 표현할 수 있죠.

감정을 타인에게 완벽하게 감추거나 연기하는 게 가능할까요? 저는 감정이 표정으로 드러나는 사람이어서, 애써 감추려 해도 상대방에게 다 읽히고 말아요. 과학적으로도 감정은 비언어적 요소로 드러난다고 말합니다.

땀도 비언어의 일부가 될 수 있어요. 무표정으로 식은땀을 줄줄 흘리는 사람을 보면 많이 긴장하고 경직되어 있는 심리 상태를 느낄 수 있으니까요. 눈물도 마찬가지입니다. 무표정으로 눈물만 하염없이 흘리고 있는 사람의 감정을 상상해보세요. 참담함, 깊은 절망, 처절함…… 이런 감정들을 느낄 수 있어요. 감정은 얼굴빛으로도 드러납니다. "나는 감정이 표정에 드러나는 것을 통제할 수 있다"라고 말하는 사람도 숨기고 싶은 행동을 누군가에게 들켰거나 거짓말이 탄로 났거나 피해 다니는 사람과 정면으로 마주쳤을 때 얼굴빛이 창백해지는 것까지 통제하기는 힘들 거예요.

의사소통에서 표정을 가장 많이 사용하는 사람들은 음성언어를 쓰지 않는 수어 통역사들입니다. 36만 청각장애인들뿐만 아니라 수어를 모르는 일반인들도 그분들을 유심히 보게 됩니다. 특히 코로나19 현황을 알리는 TV 뉴스를 보면, 모든 사람이 마스크를 착용했는데 수어 통역사들은 마스크를 착용하지 않아서 의아해하는 사람들도 있지요.

수어 통역사의 모습에서 가장 눈에 띄는 건 그분들의 표정입니다. 손만 바쁜 게 아니라 입 모양과 눈빛도 빠르게 변합니다. 특히 표정은 얼마나 풍부한지 감정을 고스란히 드러내줍니다. 웃는 표정, 찡그리는 표정, 의아해하는 표정, 화난 표정, 놀라는 표정, 갸우뚱하는 고 갯짓, 입술 모양, 찡그리는 미간, 몸을 돌리는 방향에 따라 수어의 의미가 달라져요. 이 모든 표정과 몸짓을 '비수지非手指'라고 합니다. 수어는 손동작과 비수지 기호로 구성됩니다. 그래서 수어 통역사들은 표정으로 의사소통을 하느라 마스크나 선글라스를 쓰지 않습니다.

TV 뉴스에 나오는 코로나 브리핑을 계기로 수어에 친숙해지긴 했지만, 정부 당국자가 브리핑하는데 수어 통역사가 과한 표정으로 손을 계속 움직이는 모습이 나오니까 집중하는 데 방해가 된다는 비장애인들의 항의가 많았다고 합니다. 청각장애인들 때문이라면 자막을 이용하면 더 정확한 정보 전달이 가능하지 않느냐는 것이었죠. 하지만 소리 없는 자막은 말의 어감을 전달할 수 없기 때문에 표정과 몸짓이 포함된 수어로 해야 제대로 전달됩니다. 위기 상황일수록 의사소통이 중요하니까요. 자막이 있어도 수어 통역사의 역할이 꼭 필요한 이유입니다.

아기들이 정서적으로 가장 행복할 때는 엄마와 표정을 주고받으며 소통할 때입니다. 아기가 짓는 표정은 엄마의 표정을 따라 하는 것입니다. 인간은 '거울신경세포'를 통해서 표정 언어를 주고받습니다. 거울신경세포는 내 속의 거울에 비친 상대를 복제한다고 해요. 가족끼리 얼굴이 닮고 친한 친구끼리도 얼굴이 닮아가잖아요? 거울신경세포가 나와 타인을 연결시키기 때문입니다.

스킨십을 하면 뇌에서 사랑 호르몬이 나와서 행복감을 느낀다고 해요. MRI로 촬영해보니 집단생활을 하는 동물에게서만 사랑 호르몬이 나오고, 집단생활을 하지 않는 동물에게서는 이 호르몬이 분비되지 않았습니다. 사랑 호르몬은 스킨십을 나눌 때, 그리고 표정을 주고받으며 대화할 때 분비돼요. 여자에게선 옥시토신이, 남자에게선 바소프레신이 분비됩니다. 스킨십을 나누거나 표정을 주고받으며 공감하고 소통할 때 우리 뇌가 행복을 느낀다는 거지요.

표정은 상대와 공감하고 소통하는 데 매우 중요한 역할을 합니다. 상대의 표정을 읽지 못하면 소통에 문제가 생겨요. 특히 남자들은 여자의 표정을 민감하게 읽지 못합니다. 그래서 남자들은 상대의 감정을 읽는 데 여자보다는 둔감한 겁니다. 특히 남자 청소년들은 이 능력이 많이 떨어져요. 그래서 엄마의 표정을 못 읽어서 엄마가 원하는 행동을 하지 못하는 건데 엄마들은 내 아들에게 문제가 있다며 몹시 답답해하죠.

거울신경세포를 통해 상대가 나를 사랑한다고 느끼기도 하고, 상대가 나를 싫어한다고 느끼기도 합니다. 그 사이에서 해석의 오류가 생기기도 하고요. 내가 상대를 사랑할수록 상대도 나를 사랑하는 것처럼 느껴지고, 내가 상대를 싫어할수록 상대도 나를 싫어하는 것처럼 거울 반응을 하게 되는 거죠. '당신이 나를 무시하는 것 같아서' '당신이 나를 차갑게 대해서' 속상했다는 말을 듣는다면, 내 표정을 보고 그의 거울신경세포가 반응한 것일 수도 있어요.

상대에게 행복감 또는 모멸감을 더 강하게 느끼게 하는 언어는 말이 아닌 비언어, 즉 표정, 눈빛, 몸짓이었어요. 40여 년 동안 부부간의 스트레스 사인, 몸짓, 표정, 목소리 등을 분석해온 존 가트맨 교수는 경멸이 섞인 표정으로 상대방을 바라보는 것은 곧 이혼으로 가는 지름길이라고 밝혔습니다.

내가 상처받았던 표정들을 한번 떠올려볼까요? 무시하는 표정, 비난하는 표정, 멸시하는 표정, 비웃는 표정, 어이없어하는 표정, 한심하다고 여기는 표정, 답답해하는 표정, 짜증난다는 표정…….

이번엔 거울 앞에 서서 지금 나열한 표정을 지어보세요. 자연스럽게 되나요, 아니면 어색해서 얼굴 근육이 잘 움직이지 않나요? 후자라면 상대를 배려하는 의사소통을 잘해온 겁니다. 전자라고요? 평소 대화할 때 나도 모르게 그 표정을 자주 지은 것입니다. 상대와 잘 지내고 싶다면 표정을 바꾸어보세요. 상대의 뇌 속에 거울신경세포가 열심히 반응할 거예요.

도무지 말이 통하지 않는 사람이 있다면 꼭 얼굴을 보고 대화하세요. 얼굴을 보며 얘기할 때보다 문자로 소통할 때 오해가 생기기 쉽습니다. 의사소통에서 표정과 눈빛, 몸짓은 말로 다 할 수 없는 부분까지 전달해주는 중요한 역할을 합니다.

긍정을 이끌어내는
대화의 기술

    내 생각을 분명하게 전달해 상대에게 '긍정적 대답'을 이끌어내려면 대화의 기술이 필요합니다. 긍정을 이끌어내려면 먼저, 긍정적 단어를 많이 써야 합니다. 친구들과 만나서 대화하거나 회의를 할 때 녹음을 해서 한번 들어보세요. 평소에 긍정적인 단어를 많이 쓰는지, 부정적인 단어를 많이 쓰는지 점검해보면 도움이 됩니다.

'죄송합니다'의 함정

며칠 전, 지방에 있는 기업에 강의를 갔을 때 공항에 마중 나온 직원이 제게 건넨 첫 인사입니다.

"안녕하세요. 혹시 박상미 강사님이신가요? 바쁘신데 아침부터 이렇게 멀리까지 오시게 해서 죄송합니다."

'죄송합니다'의 사전적 의미는 '죄스러울 정도로 황송하다'입니다. 우리는 '죄스러울 정도로 황송한' 상황이 아닌데도 이 단어를 남발하는 경향이 있어요. '죄송하다'는 말을 많이 하는 사람과 대화를 하면, 상대도 '아니에요, 죄송하다니요'와 같이 부정적 단어로 답을 시작할 수밖에 없는 경우가 많아요. 특히 첫 만남에서 부정적 단어를 많이 쓰면 상대의 마음이 무거워집니다. '죄송하다'는 말을 계속 듣다 보면 상대도 미안한 마음, 불편한 마음이 듭니다. 다음과 같이 바꾸어서 말해볼게요.

> 직원 실례합니다. 혹시 박상미 강사님이신가요? 처음 뵙겠습니다. 만나 뵙게 되어 기쁩니다. 저는 나다움 대리입니다. 바쁘신데 이렇게 멀리까지 와주셔서 고맙습니다. 오늘 강의에 기대가 아주 큽니다. 잘 부탁드립니다.
>
> 박상미 초대해주셔서 제가 더 고맙죠. 저도 기대가 큽니다. 최선을 다하겠습니다.

긍정적인 단어를 많이 쓰니까 긍정적인 에너지가 생성되는 느낌이 들지 않나요? '죄송합니다'라는 말을 꼭 써야 하는 상황도 있습니다. 하지만 대체할 좋은 말이 많은데도 생각 없이 이 말을 쓰는 경우가 많아요. 부정적인 단어보다는 긍정적인 단어를 많이 쓸수록 들는 이도 마음이 편하고, 긍정적인 관계 에너지가 생성됩니다.

'죄송합니다'는 상대에게 예의를 차리는 말 같지만 '나에게 손해'가 큰 말이라는 걸 기억하세요.

긍정적인 말로 바꿔보기

우리는 상대에게 부탁을 할 때도, 접두사처럼 '죄송하지만'이라는 말로 시작할 때가 많아요.

"죄송하지만, 회의 자료 좀 이메일로 보내주세요."

이때 '죄송하지만'을 빼도 충분히 예의 바르게 부탁할 수 있습니다. 연습해볼까요?

> 죄송하지만, 회의 자료 좀 이메일로 보내주세요.
>
> → _____
>
> _____
>
> 예시 부탁 좀 드려도 될까요? 회의 자료를 제 이메일로 보내주시면 정말 고맙겠습니다!
>
> 죄송하지만, 구내식당이 어디에 있는지 알려주실 수 있나요?
>
> → _____
>
> _____

예시 실례합니다. 구내식당이 어디에 있는지 알려주실 수 있나요?

상대에게 부정적인 단어를 많이 쓰지 않는 것도 중요하지만 구체적으로 말하는 것도 긍정적인 답을 끌어내는 데 유리합니다.

부장님, 죄송하지만 잠깐 시간 좀 내주실 수 있나요?

→ _____

_____

예시 부장님, 오늘 제 발표가 조금 부족해서 추가로 설명 드리고 싶은 게 있습니다. 3분 정도면 충분합니다. 시간 좀 내주실 수 있으신지요?

상대의 요구가 무엇인지 막연할 때는 긍정적 에너지가 생성되기 어렵습니다. 상대가 부담을 느낄 수 있어요. 부담이 느껴지면 피하고 싶은 게 사람 심리니까요. '무엇을' '얼마나' 요구하는지 알려야 합니다. 대략이라도 요구하는 '내용'과 '시간'을 상대에게 제시할 때 '예'를 이끌어낼 확률이 높아집니다.

질문을 할 때도 마찬가지입니다. '문제 파악'에 초점을 두기보다, '해결책'에 초점을 두면 상대는 더 적극적으로 긍정적인 해결책을 제시하려 애쓰게 됩니다. 다음 문장들을 바꾸어볼까요?

너 요즘 성적이 계속 떨어지는 이유가 뭐냐?(문제 파악)

→ _____

_____

예시 성적을 좀 더 올리려면 학습 방법을 어떻게 바꾸면 좋을까?(해
결책 모색)

불경기라지만, 우리 매장 매출이 급격히 줄었어요. 문제가 뭐라고
생각해요?(문제 파악)

→ _____

_____

예시 불경기에도 매출이 상승하는 매장들이 있어요. 비결을 조사해
볼까요?(해결책 모색)

우리 가족은 모이기만 하면 싸워. 대체 뭐가 문제일까?(문제 파악)

→ _____

_____

예시 우리 가족이 모였을 때, 즐겁게 대화하려면 서로 어떤 노력을
해야 할까?(해결책 모색)

이렇게 질문을 바꾸는 것만으로도 상대는 대화 상황을 긍정적으
로 받아들일 수 있습니다. 문제파악형 질문을 받으면 방어적 태도를
취하게 되지만, 해결책에 초점을 둔 질문을 받으면 긍정적인 해결책
을 제시하려고 노력하게 됩니다.

선량한 차별주의자가 되지 않으려면

40세 미혼 여성 박선영 씨는 차 수리가 끝났다는 연락을 받고 서비스센터에 갑니다. 담당 직원이 친절하게 말하는군요.

"사모님, 수리 잘 끝났습니다. 남편 분은 같이 안 오셨나요?"

'사모님'이라는 단어가 무척 거슬립니다. 견적서 설명 듣는데 '남편'을 찾는 것도 불쾌합니다. 심호흡 한 번 하고, 애써 미소를 띠면서 부드러운 목소리로 용기 내어 말해봅니다.

"그냥 고객님이라고 불러주시면 좋겠습니다. 저한테 견적서 주시고 설명해주시면 잘 이해할게요."

"아, 네, 고객님. 부품 교체는……."

46세 김은영 씨가 핸드폰 매장에 들어갑니다. 20대 초중반 청년들이 열심히 제품을 소개합니다.

"어머님, 이 제품이 오늘 행사 제품이라 할인이 가장 많이 됩니다!"

청년은 본론을 얘기하기 전에 반드시 '어머님'이라는 호칭을 붙입니다. 가끔 듣는 말이지만 그때마다 불편합니다. 김은영 씨가 대학 다닐 때 아이를 낳았다면 청년과 같은 아들이 있을 수도 있겠지만, 그럴 수도 있는 나이라고 해서 '어머님'이라고 불릴 이유는 없습니다. 김은영 씨는 웃으면서 부탁해봅니다.

"저를 그냥 '고객님'이라고 불러주시면 안 될까요?"

청년은 '이 사람 되게 까칠하네' 하는 듯한 눈으로 잠시 바라보다가 '고객님'으로 호칭을 바꿉니다.

'나이 든 여자는 무조건 사모님이라고 부를 것'이라는 고객 호칭 매뉴얼이라도 있는 것인지 대부분의 서비스업 종사자들은 이렇게 말합니다. 국어사전에 명시된 사모님은 '스승의 부인' '남의 부인' '윗사람의 부인'을 높여 이르는 말입니다. 높여 부르려는 의도라고 하더라도 '모든 나이 든 여자는 누군가의 부인일 것'이라는 편견이 전제된 표현이므로 듣는 이가 불편할 수 있습니다. 자동차 수리 같은 일은 남자들이 맡아서 하는 일이라 짐작하고 '남편이 동행'했느냐고 물은 것은 실례가 될 수 있는 표현입니다.

'아버님' '어머님'과 같은 친족어를 확장하여 쓰는 것도 마찬가지입니다. 다양한 대상을 부르는 말로 사용하는 것에 대해 자연스럽게 받아들이자는 사람도 있지만 불편하게 생각하는 사람도 많습니다. 나이 든 여자라고 해서 모두 자식이 있는 것은 아닙니다. 결혼을 하지 않았을 수도 있고, 결혼을 했더라도 선택에 의해 낳지 않았을 수도 있고, 낳고 싶었으나 못 낳았을 수도 있습니다. '나이 든 남자와 여자는 모두 아이를 낳았을 것'이라는 편견이 내포된 호칭을 쓰는 것은 바람직하지 않습니다.

결혼하지 않은 40대 남성들도 '아버님'이라고 불릴 때 기분이 나쁘기는 마찬가지입니다. 모든 나이 든 남자와 여자가 누군가의 배우자이거나 부모가 아닐 수도 있다는 걸 생각하고 호칭을 선택하는 것이 상대에 대한 진정한 배려입니다. 나의 '배려' 방식이 상대에게 불편함과 불쾌함을 줄 수 있다는 걸 기억해야 합니다.

마땅한 호칭이 없을 때는 '손'의 높임말인 '손님'이라고 부르면 됩니다. 정확히 말하면 '고객님'이라는 표현도 문법상 맞지 않습니다. '고객'이라는 단어에 '물건을 사러 오는 손님'이라는 높임의 의미가 이미 있으므로 또 '님'을 붙일 필요가 없습니다. '손님'보다 상대를 좀 더 높여주는 느낌을 주고 싶다면 '선생님'이라고 불러도 좋습니다. 선생先生은 '남을 존대하여 이르는 말'이라는 뜻이 있기 때문입니다.

일흔이 넘었지만 가게에 들어갔을 때 '할머니'라고 부르면 그냥 나와버린다는 우리 어머니, 은행에 펀드를 가입하러 갔다가 '사모님'을 연발하는 과장님이 불편해서 주거래 은행을 바꿨다는 제 친구의 사연을 들어보아도 사람들은 내가 불려지는 '호칭'에 민감하다

는 걸 알 수 있어요. 공감 교육 시간에 이 주제를 꺼냈더니 다양한 사례들이 쏟아져나왔습니다.

"우리 집안이 마흔만 넘으면 은발이 돼요. 제가 40대 중반인데 얼핏 보면 백발에 가깝죠. 염색이 눈에 안 좋다고 해서 염색을 안 하고 지냈는데 어딜 가나 '아버님' '아버님'. 우리 집 늦둥이는 이제 유치원 다니거든요. 어쩔 수 없이 염색을 했어요. '고객님' '손님'보다

'아버님'이 고객을 더 높여주는 말이라고 생각하는 모양이에요."

"아파트 단지에 새로 개업한 과일 가게에 가서 사과를 한 박스 샀어요. 젊은 사장이 허리 숙여 인사하면서 알이 굵은 참외 세 개를 서비스로 주면서 이렇게 말했어요. '사모님, 이건 집에 계신 영감님 드리세요.' 기분이 상해서 참외도 안 받아오고, 그 가게에도 가기 싫어졌어요. 사별한 지 20년이 넘었거든요. 아직도 영감 얘기가 나오면 눈물 나고 내가 초라하게 느껴져요. 사별한 지 얼마 안 되는 사람이 들었다면 더 속상했을 거예요. 그냥 '이건 서비스입니다. 맛있게 드세요' 하면 될 것을……."

질문도 잘 선택해야 합니다.

"저는 결혼 20년 차인데 아이가 세 살 때 백혈병으로 먼저 갔어요. 가끔 경조사에 가면 수십 년 만에 만난 친척 어른들이 '애는 다 컸지? 너 닮아서 공부도 잘하고 인물도 좋지?'라고 말하는 분들이 계세요. 사정을 모르고 덕담을 하신 거지만, 저는 그럴 때마다 가슴이 무너져서 경조사에 안 가게 돼요. 낯선 사람들이 아이는 몇 학년이냐, 아이가 몇이냐, 이런 질문을 너무 쉽게 할 때마다 저는 상처를 받아요. 나쁜 의도가 전혀 없고 관심의 표현이라는 걸 잘 알면서도요."

"학부모 모임에 갔는데, 분위기가 친목회처럼 변하더니, 언니, 동생, 이렇게 호칭이 바뀌기 시작하더라고요. 그냥 '○○이 엄마' 이렇게 부르면 저는 더 편하겠다고 말했더니, 저더러 '최강 동안이어서 우리 중엔 막내일 것 같은데요? 언니들이 잘해줄게요. 몇 학번이에요?' 이러는 거예요. 저는 대학 안 나왔거든요. 학력을 공개하라는 말 같아서 수치심이 들기도 했어요. 제게 학력 콤플렉스가 있다는 걸 깨달은 날이었죠. 그 후로 모임에 안 나갔어요."

앞으로는 상대를 어떻게 불러야 하나, 가족과 연관된 사적인 질문은 아예 하지 말아야 하나, 갑자기 머리가 아프지요? 하지만 어렵지 않습니다. 누구를 만나든 '그 사람 자체'로 불러주고, '그 사람'에 대한 질문만 하면 됩니다. 아무리 의도가 좋더라도 상대에겐 불쾌감과 수치심을 느끼게 할 수도 있다는 걸 기억하세요.

관계를 살리는 칭찬법

칭찬은 에너지를 확대시켜 몸을 건강하게 하고 상처받은 마음에는 휴식과 힘을 줍니다. 미국의 심리학자 헨리 고더드 박사는 에르고그래프(근육의 작업 능력을 측정하기 위해 쓰는 기록 장치가 붙은 기계)를 이용한 실험에서 이를 증명했습니다. 피로에 지쳐 있는 어린 학생들에게 칭찬과 격려의 말을 해주었더니 에너지가 즉각 상승했고, 꾸중하고 실망시키는 말을 했을 때는 에너지가 급격히 떨어졌습니다. 성인도 마찬가지입니다. 누구나 칭찬을 받으면 기운이 나고 비판을 받으면 기운이 빠지죠.

나의 진심을 전하고 상대를 키우는 '칭찬하기' 방법이 있습니다.

구체적으로 칭찬하기

추상적인 칭찬, 특히 상대의 됨됨이에 대한 칭찬은 평가받는 듯한 부담을 느끼게 합니다. 자만심이 강한 사람에겐 자만심만 더 키워주는 독이 될 수도 있습니다. 비난은 구체적으로 콕콕 짚어 하면서도 칭찬은 추상적으로 짧게 하는 사람이 많습니다. 추상적인 칭찬은 '저 사람 진심일까? 입에 발린 소리가 아닐까?' 의구심이 들게 합니다. 상대의 장점을 구체적으로 칭찬하세요.

재석 씨는 못하는 게 없군요.(추상적인 칭찬)

→ 재석 씨는 다양한 분야에 관심도 많고 적극적으로 도전하는 모습이 보기 좋아요. 글도 잘 쓰고 발표도 잘하고 기획력도 뛰어나고 유머감각까지 있으니 항상 돋보여요. 옆에서 많이 배우고 싶어요.(구체적인 칭찬)

세호 씨는 상대를 존중하는 예의 바른 사람이에요.(됨됨이에 대한 평가. 기대에 부응해야 한다는 부담감을 주는 말)

→ 세호 씨는 항상 제 말을 경청해주니 존중받는 느낌이 들어서 자주 대화하고 싶어져요.(구체적 행동에 대한 칭찬. 다음에도 이런 행동을 해야겠다는 동기부여를 해주는 말)

이 과장은 머리가 아주 비상한 것 같아. 이번 기획서 훌륭해. 다음

에도 기대할게.(부담감 또는 막연한 자만심을 갖게 하는 말)

→ 이 과장이 작성한 기획서는 실현 가능성 있는 구체적인 사례가 많아서 설득력이 뛰어나. 내가 본 기획서 중에 상위 1퍼센트야.(구체적인 노력에 대한 칭찬. 자존감을 키워주는 말)

김 대리는 분석하는 실력을 타고났군!(막연한 자만심을 갖게 하는 말)

→ 목표를 성취하기 위해서 집중해서 분석하는 모습이 감동적이었어. 꾸준히 노력하는 모습이 참 멋지다!(행동과 성취 과정을 칭찬하고, 꾸준히 노력해야겠다는 동기부여를 해주는 말)

스탠퍼드대학교 심리학과 캐럴 드웩 교수는 뉴욕의 5학년 학생 400명을 대상으로 지능검사를 실시했습니다. 아이들이 문제를 다 풀면 실험군에는 "정말 똑똑하구나"와 같이 지능에 대한 칭찬을, 나머지 대조군에는 "정말 애썼구나" 하고 노력에 대해 칭찬했습니다. 두 번째 시험에서는 어려운 시험과 쉬운 시험을 아이들이 선택하도록 했는데, 노력에 칭찬받은 대조군 아이들 중에서는 90퍼센트가 어려운 시험을 선택했고 지능을 칭찬받은 실험군 아이들 중에서는 66퍼센트가 쉬운 시험을 택했습니다. 세 번째 시험은 모두 어려운 시험을 치르게 했는데 대조군 아이들은 어려운 문제를 반겼고 실험군 아이들은 좌절했습니다. 마지막으로 첫 번째와 같은 난이도의 시험을 치렀는데 대조군 아이들은 첫 점수보다 30퍼센트 향상되었고 실험군 아이들은 20퍼센트나 점수가 떨어졌습니다. 칭찬을 할 때도 구체적인 노력에 대해 칭찬하는 것이 성취욕과 동기를 자극하는 중요한 마인드세트가 된다는 유명한 실험입니다. 결과를 평가하기보다 비결을 질문하고, 과정의 노력을 칭찬하세요.

이 대리! 승진 시험 합격한 거 축하해요! 바빠서 공부할 시간 없다더니, 머리 좋은가 봐! 생각보다 실력 있네!(내 관점에서 상대를 평가하는 말. '생각보다 실력 있다'는 건 칭찬이 아니라, '평소에 당신을 실력 있는 사람으로 보지 않았다는 나의 평가가 드러나는 말.)

→ 이 대리! 공부할 시간도 없었을 텐데 꾸준히 준비해서 합격했군요. 내가 더 기쁘네요! 바쁜 와중에도 어떻게 준비했는지 여기 있는 후배들에게도 한 수 알려줘요. 비결이 뭐예요?(과정의 노력을 칭찬해주고, 성공의 기쁨을 말할 수 있는 기회를 줌으로써 상대를 키워주고 다른 이들에게도 동기부여를 해주는 말.)

아들! 드디어 1등급을 받았구나, 거봐! 넌 할 수 있다고 했지? 그동안 노력을 덜 해서 못했던 거야!(칭찬이 아닌 훈계. 과거의 부족함에 대해 질타하는 말. 다음에 1등급을 받지 않으면 게으름 부린 사람으로 평가받게 될까 봐 부담을 갖게 하는 말.)

→ 아들! 꾸준히 노력해서 네가 바라던 결과를 얻은 거 축하한다. 잠자는 시간도 줄이고 자투리 시간도 아껴가면서 집중하더니! 무엇보다 자신과의 싸움이 가장 힘든 건데 대단해.(성취의 기쁨을 아이가 충분히 느끼게 해주는 말. 자신의 노력을 인정받았기 때문에 앞으로도 노력

해서 이런 기쁨을 계속 누리고 싶다는 동기부여를 해주는 말.)

어떤 영향을 끼쳤는지 구체적으로 칭찬하세요.

보고서 좋았어. 다음에도 잘 부탁해.(추상적이어서 신뢰가 덜 가고, 부담
감을 갖게 하는 말.)

→ 보고서에 그래프를 상세히 넣어줘서 한눈에 파악하기 좋더군.
임원회의 때도 우리 팀이 좋은 평가를 받았어.(나의 노력이 어떤 영향
을 끼쳤는지, 다른 사람들은 어떻게 평가했는지 언급해서 구체적으로 상대의 능
력을 키워주는 말.)

상대의 장점을 구체적으로 발견하고 칭찬해주는 사람은 타인이
내게 해주는 칭찬도 진심으로 받아들일 줄 압니다. 평소에 타인의
장점을 찾아서 구체적인 칭찬을 해보지 않은 사람은, 자신이 칭찬이
나 응원을 받을 때도 진심으로 받아들이지 못하는 경향이 높습니다.
'그냥 하는 말이겠지' 하며 말을 곧이곧대로 믿지 못하는 거죠.
그러면 기쁘게 칭찬받는 법을 배워볼까요?

칭찬 기쁘게 받기

"저는 칭찬을 받아도 기쁘기보다 부담스러워요. 좋은 평가에도 왜

마음이 불편한 걸까요?"

칭찬을 편하게 받아들이지 못하는 사람들이 의외로 많습니다. 대체로 자존감이 낮은 사람들에게 자주 나타나는데, 다른 사람들이 나의 진짜 모습이 어떤지 모르고 하는 말이라고 생각하거나, 칭찬을 통해 전해지는 '기대'와 '평가'가 부담스러워서 불안감을 느끼는 겁니다. 또 너무 모든 일을 자기중심적으로 생각한 나머지 누군가 자신을 칭찬할 때 나의 인간 됨됨이를 평가하고 있는 것으로 확대해석하기도 합니다.

생각도 많고 상처가 많은 사람들일수록 칭찬을 많이 해주어야 합니다. 칭찬은 상처를 아물게 하고 자존감을 높이는 효능이 있습니다. 하지만 매사에 부정적이거나 자존감이 낮은 사람을 칭찬하기란 쉽지 않아요.

"아부하지 마. 내가 그런 장점 있으면 이러고 살겠냐?"

"아니에요! 과찬이세요. 제가 얼마나 형편없는데요……."

이렇게 반응하는 사람들을 만나면 칭찬한 사람이 무안해집니다. 심하게 부정하면 칭찬하는 사람의 자존감이 떨어질 수도 있어요.

우리는 진심으로 상대를 칭찬하는 말하기에도 서투르지만 칭찬을 받았을 때 진심으로 고마워하며 상대에게 보답하는 말하기에도 미숙합니다. 누군가 나에게 진심으로 칭찬을 해줄 때는 이렇게 반응하면 어떨까요? 감사히 받아들이면서 상대에게도 기쁨을 주는 말하기! 칭찬해준 상대를 더 높여주는 말하기! 칭찬하는 법과 답하는 법을 연습해봅시다.

상미 씨 요즘 입는 원피스들이 매우 러블리해서 상미 씨 이미지를
더 잘 살려주네요. 그렇게 예쁜 원피스를 어디서 샀어요?

→ 이거 싸구려예요. 촌티 나서 내일부터 안 입으려고요.(칭찬한 사람
이 무안해지는 말.)

→ 촌스러울까 봐 걱정했는데 다행이네요. 인터넷에서 최저가로 산
건데 선생님께서 예쁘다고 해주시니 정말 기쁩니다.(칭찬한 사람에게
기쁨을 주는 말.)

선생님! 저번에 뵈었을 때보다 더 젊어지셨네요! 혈색이 아주 좋으
세요. 동안 관리 비법이 뭐예요?

→ 지난해보다 1년은 더 늙었겠지만 그렇게 말해주니 힘이 나네.
늘 칭찬해주는 자네를 만나면 기분이 좋아져서, 내 수명이 1년은
더 늘어나겠는데?(칭찬해준 상대를 더 높여주는 말.)

선배님, 잘 지내시죠? 뵐 때마다 얼굴빛이 더 환해지시네요. 덩달아
저도 기분이 좋아집니다. 선배님처럼 인상 좋은 사람이 되는 게 제
소망이에요.

→ 이렇게 기분 좋은 말로 환대해주니 자네를 매일 만나면 인생이
환해질 것 같아. 나는 말주변이 없어서 자네 대화법을 배우는 게 소
망이야. 무슨 방법 없을까?(칭찬해준 상대를 더 높여주는 말.)

진심으로 칭찬을 받았을 때 어떻게 반응하는지는 매우 중요합니

다. 왜냐하면 진심 어린 칭찬에 교감하고 긍정적인 에너지로 보답하는 사람에게는 자주 칭찬할 거리를 찾아서 또 칭찬해주고 싶기 때문입니다.

우리는 지금까지 관계를 살리는 공감대화에 대해 공부하고 연습해보았습니다. 공감하는 대화는 배우고 실천해야 실력이 됩니다. 멀어진 마음이 다시 연결되고 관계가 살아납니다. 우리 모두는 공감과 소통으로 연결되기를 진심으로 원하고 있다는 걸 잊지 마세요.

3장

단호하게 나를 지키는
마음 연습

단단한 마음도 훈련으로 만들어진다

"내 마음의 주인으로 살고 있습니까?"

"내 마음은 내 편, 맞습니까?"

마음에 대한 강의를 할 때 저는 이 질문부터 던집니다. 내가 내 마음의 주인이 아니고 내 마음이 내 편이 아닐 때, 우리는 늘 타인의 눈치를 보게 되고 자주 상처받습니다.

내 손등에 누가 식초를 쏟았어요. 멀쩡한 피부라면 그게 물이든 식초든 상관없이 통증을 못 느껴요. 그런데 살갗이 벗겨졌거나 조금이라도 상처가 있는 상태라면 어떨까요? 쓰라리고 아파서 나도 모르게 '악' 소리를 지를 거예요. 심리적 통증도 마찬가지입니다. 내가 느끼는 고통의 강도는 내가 가진 상처에 비례합니다.

"상처받을 일도 아닌데 왜 괴로워해? 마음이 그렇게 약해서 어떻게 살래?"

"넌 너무 예민해서 뭔 말을 못하겠다. 난 상처 줄 생각이 전혀 없었다고."

상대는 나에게 상처 줄 의도가 없었을 수도 있고, 상처 준 것조차 몰라 조금의 죄책감도 못 느낄 수도 있고, 알더라도 그럴 의도가 없었다며 당당할 수도 있어요. 상대 탓만 할 수는 없는 게 '상처의 강도'랍니다.

유난히 상처를 잘 받는 편인가요? 유난히 감정이 예민하다면 마음속에 아물지 않은 상처가 많을 수 있어요. 본인도 힘들지만 주변 사람들도 조심할 게 많으니 편한 관계를 맺기 어렵습니다.

좋은 관계를 맺으려면 마음도 훈련을 해야 합니다. 마음 근육이 튼튼해지면 상처받는 빈도와 강도가 낮아져요. 나를 보호할 수 있고, 할 말 하고 상처 덜 받는 사람이 될 수 있어요.

먼저, 상처를 잘 받는 성향인지 체크를 해보세요.

- ☐ 관계를 시작할 때 관계가 깨어질까 봐 미리 두려움을 느낀다.
- ☐ 새로운 사람을 만날 때 또 상처받으면 어떡하나 걱정이 많은 편이다.
- ☐ 상대의 말 한마디 행동 하나하나에 의미를 부여하고 추측한다.
- ☐ 상대가 전화나 문자 메시지에 반응이 느리면 불안하다.
- ☐ 가깝다고 느끼던 사람과 관계가 소원해진다고 느끼면 버림받은 것 같은 기분이 든다.
- ☐ 상대가 나를 오해하거나 비난할 때 당황해서 그 앞에서는 아무 말도 못하

고 나중에 속앓이를 한다.

☐ 나에게 상처를 준 상대에게 하고 싶은 말을 하지 못했을 때 자신을 질책하는 데 많은 에너지를 소모한다.

자신이 상처받았던 상황을 떠올려보세요. 지금이라도 내 감정을 말하는 연습을 해보세요. 연습하면 실제 상황에서도 내 감정을 표현할 수 있게 됩니다. 지금 바로 소리 내어 말해보세요.

"제가 말할 수 있도록 1분만 시간을 주시겠어요? 조금만 들어보시고 화내셔도 늦지 않아요."

"애꿎게 저에게 화풀이를 하지 마시고요. 무슨 일 있었어요? 속상한 일 있으면 제가 들어드릴게요."

이렇게 단호하게 말하는 연습을 해보세요.

다음으로 무시하는 연습도 해봅시다.

'저 인간은 원래 저래! 상대해주면 더 난리니까 무시하자!'

'지금이라도 저 사람 본성이 드러나서 다행이다. 절대 가깝게 지내지 말고 말도 섞지 말자!'

그 상황으로 돌아가서 대응해보는 겁니다. 스스로를 '무례한 사람에게 할 말 하는 사람'이라고 생각하고 대응법을 반복해서 연습해보세요. 늦었지만 속이 조금 후련해지고, 다음에 같은 상황이 닥쳤을 때 그 방법을 쓸 수 있어요.

관계를 맺다 보면 내 잘못이 아닌데도 비난당하고, 오해받고, 억

울한 일을 겪기도 해요. 그건 천재지변 같은 거예요. 피할 수 없고,
내 잘못도 아닙니다.

남의 말에 휘둘리지 않으려면

자격지심과 피해의식 버리기

부정적인 감정은 시간이 지날수록 과장됩니다. 특히 갑에게 을로서 당한 모멸감과 굴욕감은 거대한 먹구름으로 부풀어 올라서 내가 보는 하늘만 가립니다. 남들이 햇빛이 있는 길을 걸을 때 먹구름이 잔뜩 낀 길을 걷는 꼴입니다. 내가 걷는 길에만 폭우가 쏟아집니다. 실제보다 훨씬 격렬한 감정 상태에 놓이게 돼요. 분노는 나를 죽이는 무서운 감정입니다. 분노라는 감정에는 그 감정을 폭발적으로 부풀어 오르게 하는 이스트가 들어 있어요. 분노는 나를 가장 빠른 시간 안에 폐인으로 만들 수 있어요. 부정적인 감정에 압도되지 않아야 합니다.

누구에게나 자신을 있는 그대로 인정받고 싶은 심리가 있습니다. 하지만 불안하죠. 표현하고 싶지만 용기가 나지 않습니다. '사람들이 나를 싫어하면 어떡하나' 하고 불안감이 커지면 눈치만 보게 되지요. 나를 지켜야 할 순간에 지키지 못하게 됩니다. 자신을 몰라주는 상대에게는 원망이, 스스로에게는 미움이 생깁니다.

'나만 무시한다.'

'나만 미워한다.'

'나만 괴롭힌다.'

'나만 상처받는다.'

상대를 향한 원망은 점점 더 커지고 자격지심과 피해의식에 평생 시달리게 됩니다. 내가 죽는 날까지 끝까지 나를 지키고 보호하고 사랑해줄 사람은 나 자신밖에 없어요.

이런 말을 듣고 "마음이 편해졌다. 나에 대한 책임감이 생겼다. 이제 타인에게 잘 보이고 사랑받으려 너무 애쓰지 않겠다"는 사람이 있는가 하면, "인생은 혼자고 외로운 거군요"라고 답하는 사람도 있습니다. 부정적인 감정에 압도당해서 이미 늪에 빠진 상태와 같죠.

자기 자신은 스스로 챙겨야 합니다. 자기를 잘 챙기는 사람을 보면 이기적이라는 생각이 들어서 불편하다고요? 남에게 피해를 주는 이기심은 문제지만, 피해 주지 않는 선에서 나를 챙기고 보호하는 것은 반드시 필요합니다. 내가 말 안 해도 내가 원하는 걸 알아서 해주는 사람은 없습니다. 사랑하는 사이에도 어려운 일이에요.

『명심보감』〈교우편〉에 이런 구절이 있습니다.

세상에 서로 알고 지내는 사람은 많지만, 내 마음을 알아주는 사람
은 몇 명이나 되겠는가?

내 마음을 알아주는 사람은 나밖에 없고, 변치 않는 마음으로 나
를 좋아해줄 사람도 나밖에 없다는 걸 기억하세요. 타인에게 큰 기
대를 가지면 실망만 하게 됩니다. 내가 나의 요구를 들어주고 챙겨
야 합니다. 굴욕, 수치심, 분노와 같은 부정적인 감정은 누구나 느낍
니다. 살아 있다는 증거예요. 살아 있는 한 상처받는 일은 누구에게
나 항상 생깁니다. 하지만 그 감정을 느끼는 순간 대처하는 방식은
저마다 다릅니다.
자존감이 높은 사람은 타인의 말에 휘둘리지 않지만 자격지심과
피해의식이 있는 사람은 남의 말에 늘 촉수를 세우고 민감하게 반응
합니다.

자존감 키우고 지키기

자존감을 키우고 자존심을 지켜야 타인에게 휘둘리지 않는 온전한
'나 자신'으로 살 수 있습니다. 저는 전국을 돌며 6만여 명 교도소 재
소자들을 대상으로 마음 치유 교육을 하고 있습니다. 폭력이나 살인
을 저질러 수감된 수용자들도 만나지요. 그들의 이야기를 들어보면
살인이나 폭력을 저지른 가장 큰 이유는 '굴욕감을 참을 수 없어서'

였습니다.

"나를 무시해서 너무 자존심이 상했습니다. 눈이 뒤집혔습니다."

돈이나 명예보다 자존심에 상처 입은 게 인생을 걸고 싸운 이유였어요. 자존심을 다치면 이성을 잃는 사람이 많다는 걸 보여주는 사례입니다.

자존심은 '남에게 굽힘이 없이 자기 스스로 높은 품위를 지키는 마음'입니다. 자존심을 가진 사람은 자신의 가치, 능력, 적성에 대한 자기평가가 긍정적입니다. 건강한 자존심은 삶의 에너지가 됩니다. 굴욕을 견디는 힘, 넘어져도 다시 일어나게 하는 힘의 원천이 되지요. 건강한 자존심을 가진 사람이 자존감을 키울 수 있어요. 자존심은 타인의 평가에 영향을 받지만, 자존감은 타인의 평가와 상관없이 나 자신을 존중하는 마음입니다. 남이 뭐라 하든 말든, 돈과 명예에 관심 없이 내 길을 가는 뚝심을 가진 사람들이 자존감이 높은 사람입니다.

자존심은 정신분석에서 자존심은 자아와 초자아가 균형을 유지하고 있는 상태를 말하고, 자존심이 없어지면 우울증 상태를 보입니다. 자존심이 낮은 사람은 타인의 설득에 쉽게 넘어가고, 자기비하, 열등감에 시달리기도 합니다.

한국인에게 자존심은 주로 타인과의 관계에서 자기 가치를 손상받았을 때 인식됩니다. 자존심을 지키는 것을 목숨처럼 생각하는 사람들도 있지요. 자존심에 상처를 입었을 때 대응하는 방식에도 사람마다 큰 차이가 있습니다. 자존심이 너무 센 사람은 상대에게 폭력,

상해를 가하는 비인격적인 행위를 하거나, 그 외에 다양한 방식으로 복수를 하기도 합니다.

반면에 자존심을 건강한 방식으로 지키는 사람도 많습니다. 이런 사람이 자존감도 키울 수 있어요. 그런 맥락에서 동양인에게 자존심은 자존감의 토대가 되어왔어요. 때문에 '자존심을 버리고 자존감을 키워라'라는 말은 동양인의 정서에 딱 들어맞는 말은 아닙니다.

'가스라이팅'에서 벗어나기

관계를 맺다 보면 평등하기보다는 자연스럽게 한쪽이 권력을 좀 더 갖기 십상입니다. 모든 인간관계에는 비대칭적 권력으로 누군가를 통제하려는 '가스라이팅'이 나타날 수 있습니다. 가스라이팅이란 상황을 조작해 상대방이 스스로를 의심하게 만들어 판단력을 잃게 하는 정서적 학대를 말하며, 심리 지배, 심리 조종, 노예화라고도 합니다. 가해자가 자신이 상대를 가스라이팅 한다고 의식하지 못하는 경우도 있고 피해자가 심각성을 인지하지 못하는 경우도 많습니다.

지속적으로 통제당하다 보면 피해자는 스스로를 쓸모없는 존재, 무능한 존재로 인식하게 되는데, 이러다 보면 결국 가스라이팅을 하는 사람에게 순종하며 관계를 지속하게 됩니다. 폭력과 학대는 인지 능력을 마비시키기 때문입니다.

제가 상담한 가스라이팅 피해자는 초등학교 6학년 때 열네 살 많은 과외선생님에게 성폭행을 당했습니다. 식당을 운영하느라 한밤중에 들어오는 부모님은 너무 고지식하고 무서웠고, 외동인 피해자는 늘 혼자였어요. 과외선생님은 공부도 고민도 다 해결해주는 정신적 지주 같은 존재가 되었죠. 그는 소녀에게 친구도 사귀지 못하게 하고, 자신들만의 비밀 동맹을 맺자고 합니다. 어느 날, 그가 옷을 벗고 쉬었다가 공부하자는 제안을 합니다. 좋아하는 마음은 행동으로 표현하는 거라고 세뇌시켰고요. 고3 때까지 과외를 하는 날마다 그의 요구대로 다 했고, 누가 알게 될까 봐 두려워서 그에게서 벗어나지 못했어요. 죄책감과 수치심 때문에 죽고 싶으면서도 그에게 복종하는 데 길들여져서 그와 결혼하는 게 당연하다는 생각을 하며 성장했습니다. 대학 3학년 때 결혼했고 15년째 함께 살고 있습니다. 마흔이 되어가는 지금, 이제야 친구도 사귀고 건강한 연애도 해보고 싶다는 생각을 하게 됐지만, 마음 터놓을 친구 한 명 없고 사회생활을 할 자신도 없고 혼자서는 아무것도 할 자신감이 없습니다. 이혼하고 싶지만 혼자 살 자신이 없어서 이대로 복종하면서 사는 게 오히려 낫다고 체념하고 있습니다.

극단적인 예 같지만 성폭력 피해자, 가정폭력 피해자들이 가스라이팅에 길들여져 있는 사례를 자주 봅니다. 비대칭적 권력으로 누군가를 통제하려는 가스라이팅은 연인관계, 가족관계, 친구관계, 동료관계에서도 나타납니다. 주로 말 잘하고 성격이 센 사람이 온순한 사람을 자기 의지대로 조정하려 하죠.

데이트 폭력에 시달리면서도 "싫어하는 행동을 하지 않고 원하는 대로 잘 따라주면 정말 잘해줘요. 나쁜 사람은 아니에요. 저를 사랑하니까 놓치기 싫어서 저의 주인이 되려고 하는 것 같아요"라고 말하는 여성들, "어릴 때부터 부모님께 많이 맞고 자랐어요. 맞을 짓을 하니까 때린다는 말을 매일 들었죠. 제가 매를 버는 행동을 많이 했나 봐요. 부모님을 화나게 한 제 잘못이죠"라고 말하는 청소년들, "제 사수는 늘 화를 내요. 제가 실수를 많이 하니까요. 제 의견 내지 않고 명령에 따르는 게 편해요. 덜 혼나니까"라고 말하는 직장인들이 가스라이팅 피해자입니다. 지속적으로 통제당하면서 심각성을 인지하지 못하게 된 사례들입니다. 인지 능력이 서서히 마비된 피해자들은 자신을 무능한 존재로 인식해서 순종하며 관계를 지속하기를 원하기도 합니다.

내가 상대에게 휘둘린다는 생각이 들면, 빨리 관계를 다시 설정해야 합니다.

1. 조력자가 아닌 가해자라는 것 인식하기

가스라이팅 피해자들의 공통점이 있습니다. 인지 능력이 서서히 마비돼서 처음에는 혼란을 겪다가, 나는 부족한 사람, 늘 실수하는 사람, 지적받아야 하는 사람, 명령에 따르며 사는 게 당연한 사람으로 인지하게 됩니다. 가해자는 자신을 조력자로 위장하는 데 능합니다. 그래서 속아요. 서서히 지배를 당하게 되죠. 가해자와 피해자는 좋은 관계를 맺을 수 없어요. 자신이 원하는 대로 상대를 조정하기 위해, 막강한 권위를 행사하기 위해, 잔인한 심리적 학대를 하는 게 가스라이팅 가해자입니다. 관계가 이어지다 보면, 주체로서의 나 자신을 믿지 못하는 불안과 의문 속에서 남에게 의존하는 삶을 살게 됩니다. 가해자는 나의 불안을 자극해서 끝없이 이용합니다. 조력자가 아닌 가해자라는 것을 인식할 때, 벗어날 가능성이 열립니다.

2. 전문가 도움 받기

"나의 생각과 판단에 자신이 없어요." 가스라이팅 피해자들이 공통적으로 하는 말입니다. 관계 맺은 기간이 길수록 판단력을 상실하고 자존감을 잃게 되지요. 타인에게 의존하는 성향이 높고, 상대의 말을 무조건 잘 믿는 사람들이 가스라이팅의 피해자가 될 확률이 높습니다. 심리적 학대를 당하던 사람이 갑자기 판단력과 자신감이 생겨서, 적극적으로 행동하는 건 불가능에 가까워요. 냉철하고 지혜로운 사람의 객관적인 상황 판단과 조언에 귀를 기울여야 합니다.

부부나 연인이라면, 우리가 대등한 관계로 새로운 관계 설정을 하는 게 가능할지 판단해야 합니다. 불가능해 보인다면 단호한 결단을 내려야 합니다. 정 때문에 나를 파괴하면서 살아선 안 됩니다. 부모나 형제라면 최소한의 의무만 다하고, 정서적으로는 거리를 두어야 합니다. 매일 얼굴 보며 함께 일해야 하는 동료라면, 단호하게 거리를 두면서 대등한 관계 설정을 해야 합니다. 주변 동료들에게 상담을 겸한 도움을 청해도 좋습니다. 친구라면? 관계를 끊으세요. 혈연도 아니고, 직장 동료처럼 업무의 조력자도 아닌데. 왜 질질 끌려다니면서 관계를 맺습니까. 그런 관계는 끊어도 됩니다.

타인의 평가 선택적으로 수용하기

건강한 관계는 서로를 존중하는 대등한 관계예요. 그런데 스스로 욕구와 감정을 억누르고, 누구를 만나도 상대에게 관계의 권력을 내어주고 휘둘리는 사람들이 있습니다. 이들은 '타인의 평가=나'라고 생각하는 경향이 있어요. 타인의 평가는 그야말로 그 사람의 주관적인 생각일 뿐입니다. 따라서 타인의 평가는 '선택적으로' 받아들여야 해요. 그러면 상대가 나를 마음대로 휘두를 수 없어요.

"넌 행동이 너무 느려. 좀 빨리빨리 움직여!"

"상미 씨는 기획에 창의성이 너무 없네요. 다른 팀원들이 프레젠테이션할 때 잘 보고 배워봐요."

이런 말에 휘둘리지 말고 선택적으로 수용하세요. 중요한 건, 내가 왜 이렇게 타인의 말에 흔들리고 상처받고 자책하고 분노하고 슬퍼하는지 나를 객관적으로 살펴보는 일이에요. 타인이 나를 바라보는 시선과 평가에 민감한 이유가 무엇일까요?

나를 사랑하지 않는 나 때문입니다.

내가 가치 없는 사람이라고 평가절하하는 나 때문입니다.

나를 존중하지 않는 자존감 낮은 나 때문입니다.

설령 안 좋은 평가를 받더라도, 지적을 받더라도, 좀 더 건강한 시각으로 상대의 말을 해석해보세요. 비난이어도 괜찮아요. 그 말 속에서 나를 키울 수 있는 성장의 씨앗을 찾아보는 능력을 키우세요.

넌 행동이 너무 느려. 좀 빨리빨리 움직여!

→ **나의 선택** (비난처럼 들리지만, 나의 단점일 수도 있는 말.)

네가 보기엔 내가 느려 보이는구나. 나는 신중하게 생각하고 행동하느라 애쓰는 중이었거든. 그런데 그게 느린 걸로 보일 수도 있겠다. 내가 좀 더 빨리 행동하면 더 좋겠다는 게 네 바람이지? 내가 민첩하지 않은 건 맞아. 좀 더 민첩하게 행동하면 나에게 득이 되니까 노력해볼게.

상미 씨는 기획에 창의성이 너무 없네요. 다른 팀원들이 프레젠테 이션할 때 잘 보고 배워봐요.

→ **나의 선택** (비난처럼 들리지만, 나에게 득이 되는 말.)

과장님은 내가 창의적인 기획을 많이 해서 팀원들에게 인정받길 원하는 거구나. 이제 입사 1년 차인 내가 선배들보다 부족한 건 당연해. 다른 팀원들이 발표할 때 잘 보고 배워서 다음엔 실력을 제대로 보여주자!

곰곰이 생각해보면 비난처럼 들리는 모든 말 속에는 그 사람의 소망과 나에게 득이 되는 메시지가 반드시 들어 있습니다. 나의 발전을 위해서 그 메시지를 선택적으로 듣고, 나의 부족한 점을 개선하면 됩니다.

타인은 나를 지배할 수 없다

회복탄력성 키우기

탱탱볼 아시죠? 바닥에 내려치면 오히려 더 높게 튕겨 오르는 탄력성 최고인 작은 공 말이에요. 저는 탱탱볼을 있는 힘껏 바닥에 내리칠 때마다 솟아오르는 힘에 감탄하며 그 힘을 닮고 싶었습니다.

회복탄력성은 시련을 겪어도 잘 이겨내고, 원상태로 회복하거나 현재보다 더욱 성장하는 힘을 말합니다. 마음의 탄력성이죠. 회복탄력성이 높은 사람은 시련이 닥쳐 쓰러져도 오래 아파하거나 슬퍼하지 않고 마음을 다잡고 다시 일어섭니다. 회복탄력성을 키우는 마음가짐에 대해 정리해보겠습니다.

첫째, 시련을 통해서 더 크게 성장할 수 있다는 믿음을 가져야 합니다. 시련 또한 내 삶에서 반드시 필요하기 때문에 일어났다는 사실을 받아들이는 것입니다. '왜 나한테 이런 일이 일어났을까!'라고 탄식하면서 '내 인생은 불행하다'고 단정하지 말아야 합니다. 릴케가 이런 멋진 말을 남겼습니다.

내가 완수해야 할 시련이 얼마인고.

내게 주어진 시련을 멋지게 완수하고 더 큰 성장을 이루어낼 주체는 세상에 나 하나밖에 없습니다.

둘째, 미래에 대해 기대를 가져야 합니다. 현재에 집중해서 만족하고 현재에서 행복을 찾는 사람은 미래에 대해서도 낙관적으로 생각합니다. 걱정과 근심은 과거에 사는 감정입니다. 걱정과 근심이 내 영혼을 장악하면 두려움 때문에 미래의 문을 열 수 없습니다.

셋째, 합리적인 사고, 좋은 감정을 선택해야 합니다. 부정적인 상황에 처했을 때, 비합리적으로 상황을 받아들이는 사람이 있는가 하면 건설적이고 합리적인 사고를 가지고 좋은 감정과 행동을 선택하는 사람이 있습니다.

미국의 정신과 의사이자 심리학자였던 앨버트 엘리스는 '인간은 일 때문이 아니라 일을 받아들이는 방식 때문에 불안해진다'는 스토아학파 사상에서 크게 영향을 받아 '합리적 정서행동치료'라는 심리치료 시스템을 개발했습니다. 엘리스 박사는 동일한 부정적 상황이라도 자신과 타인을 둘러싼 세계에 대한 의미와 철학, 평가하는 신념 등에 따라서 각자 다르게 받아들일 수 있으며, 만약 비합리적으로 상황을 받아들일 경우 심리적 장애를 경험할 수 있다고 했습니다.

사람들은 어느 정도의 자기비난, 분노, 상처, 죄의식, 우울, 불안, 강박, 회피, 중독과 같은 행동 경향을 가지고 있어요. 하지만 합리적으로 사고하고 좋은 감정을 선택하는 능력 또한 키울 수 있습니다. 엘리스 박사가 개발한 ABC 모델은, 부정적 상황에서 스스로 대처하는 능력을 길러주는 방법입니다.

A   실재하는 사건(Activating events)

B   생각이나 믿음(Beliefs)

C   결과(Consequences)

사람들은 '실재하는 사건' A에 부딪혀 부정적인 감정이나 행동과 같은 부정적인 '결과' C를 경험하면, 원인이 A에 있다고 봅니다. 즉 A → C로 생각하는 거죠. 하지만 부정적인 결과 C는 사건에 대해 갖고 있는 비합리적인 '생각이나 믿음'인 B가 만들어낸 것입니다.

같은 A를 겪더라도 B가 비합리적이고 부정적이면 당연히 부정적인 감정과 행동인 C를 만들어내는 인과관계 A → B → C로 전개되는 것입니다. 따라서 사건을 겪은 다음 나타나는 부정적인 감정이나 파괴적 행동을 바꾸려면 생각이나 믿음인 B를 교정해야 합니다.

사람들이 가지고 있는 '비합리적인 신념들'에는 어떤 것이 있을까요?

1. 나는 항상 나에게 주어진 역할을 훌륭하게 수행해야 한다. 모든 사람에게 인정받아야 한다. 그러지 않으면 나는 무능하고 가치 없는 사람이다.

→ '나는 제대로 해내는 일이 없구나.' '제대로 인정받아본 적이 없어.' '나는 가치 없는 사람이야.' 이런 생각은 불안, 공황, 우울, 절망, 무가치함 등의 감정을 야기합니다.

2. 나와 관계를 맺은 사람들은 나에게 항상 친절하고 공정해야 한다. 나에게 불친절하고 불공정한 사람들은 나쁜 사람들이다. 그들은 벌 받아야 한다.

→ '나를 무시하다니!' '나를 무시하고 막 대하는 사람에게 복수하고 싶다.' 이런 생각은 분노, 복수심 등의 감정을 야기합니다.

3. 모든 환경은 항상 나에게 유리하고, 안전하고, 나를 즐겁게 해주어야 한다. 나에게 불리하고 불안전하고 우울한 상황이 닥친다면 나는 견딜 수 없을 것이다.

→ '다른 사람은 다 잘 사는데 나만 왜 불행한 걸까?' '내 노력을 인정해주는 사람이 없어. 이직해야겠어.' '불공정한 세상을 살아가느니 차라리 죽는 게 낫겠다.' 이런 생각은 좌절, 불편함, 편협함, 분노, 우울, 회피 등의 행동을 야기합니다.

우리가 정서적 문제를 겪는 이유는 구체적인 사건 때문이 아니라 이 같은 비합리적 신념 때문입니다. 1, 2, 3번을 합리적인 사고로 바꿔볼까요?

1. 누구나 실수할 수 있고, 언제나 인정받을 수는 없다. 실수하고 인정받지 못한다고 해서 내가 가치 없는 사람은 아니다. 실수를 통해서 얻은 교훈으로 다음엔 더 잘 해낼 수 있다.

2. 어떻게 모든 사람이 나에게 우호적일 수 있겠는가? 나에게 친절하고 공정하게 대해주는 사람들을 만나면 고맙게 생각하면서 그들과 잘 지내자.

3. 나에게 유독 많은 역경이 닥쳐올 수도 있다. 내 삶에서 반드시 필요하니까 이런 일도 일어난 것이다. 이 역경을 극복하고 나면 나는 더 크게 성장할 수 있다.

이런 연습을 통해서 부정적인 상황을 이겨내는 회복탄력성을 키울 수 있어요.

합리적으로 사고하고 좋은 감정을 선택하는 능력은 얼마든지 키울 수 있습니다. 사고 패턴이 비합리적으로 굳어져 있다고 느낀다면, 긍정적으로 생각하는 사람들과 대화하는 기회를 많이 만들어보세요. 긍정적인 생각과 말은 서로의 자존감을 높여주고 함께 성장하는 데 도움이 됩니다.

비합리적인 신념을 가진 사람이나 매사에 부정적인 감정을 표출하는 사람과는 심리적으로 멀어져야 합니다. 긍정의 힘이 전염성이 강하듯 부정의 힘 또한 무섭게 전파되는 특징이 있거든요.

유쾌한 정서 대처 훈련하기

운전대만 잡으면 입이 거칠어지는 사람들이 있습니다. 평소에는 못하는 욕과 삿대질을 하고 난폭 운전도 서슴지 않지요. 심지어 점잖아 보이던 사람이 보복 운전을 해서 큰 사고를 내기도 합니다.

평상시에 화를 억누르고 있었거나 대인관계에서 피해의식을 가지고 있는 사람들이 운전대를 잡으면 난폭해지는 경향이 있습니다. 차는 나 혼자만 있는 사적인 공간이고 익명성이 보장되기 때문에 내 감정을 마구 쏟아내도 될 것 같은 자신감이 올라올 때가 있습니다. 게다가 차는 기동력과 힘이 있으니까 마치 나에게 힘이 생겼다는 착각이 들게 만들지요.

'개인화의 오류'도 개입합니다. 차선을 변경하려고 깜박이를 켜서 신호를 보내도 절대로 끼워주지 않는 차가 있습니다. 그때 '나를 무시한다'고 분노하는 사람들이 있어요. 차선을 양보하지 않은 것은 나를 무시하는 의도를 가지고 행동한 것이라고 받아들이는 것을 '개인화의 오류'라고 해요. 나를 무시한 상대에게 창문을 열고 욕을 하거나 보복 운전을 하는 건, '내가 응징해줘야 한다'는 비합리적인 생각 때문이에요.

한번은 깜박이를 켜지 않고 갑자기 끼어든 차 때문에 급정차를 해서 4중 추돌사고를 당한 적이 있었습니다. 보험회사에 연락하자 바로 직원이 와서 사고당한 저를 안심시키려 애써주었습니다.

"걱정하지 마세요. 블랙박스 보면서 제가 도움을 드릴게요."

저는 블랙박스 영상 재생을 난생처음 해봤습니다. 영상만 녹화되는 게 아니라 음성도 녹음이 되더군요. 영상 속에서 저는 노래를 부르며 운전을 하고 있었는데 앞차가 갑자기 끼어들자 험한 욕을 하면서 급정거를 했더군요. 그 과정이 고스란히 녹화되어 있었어요. 저보다 더 당황한 건 보험회사 직원이었습니다.

"고객님, 음성 녹음 기능은 이렇게 끄면 됩니다."

그는 저의 욕을 직접 들은 최초의 청취자였어요. 저도 제가 욕을 잘한다는 걸 처음 알았어요. 그날 결심했습니다. '운전할 때도 욕은 하지 말자! 나를 당황하게 만들고 화나게 만드는 모든 운전자에겐 아주 급한 그들만의 사정이 있을 것이다!' 그 후에 저는 차 안에 스티커를 하나 만들어서 붙였답니다.

"저 사람 똥 마렵나 봐. 먼저 보내. 저 사람 이미 쌌나 봐. 얼른 끼워줘. 저 사람 면접시험 지각했대. 양보해주자."

분노를 해소하는 '유쾌한 정서 대처' 방법 중 하나입니다. 상황은 내 마음대로 바꿀 수 없지만 마음은 바꿀 수 있어요. 이왕이면 매사에 분노 대신, 욕 대신 유쾌한 정서 대처를 해보세요. 기분이 좋아져

요. 욕하는 것보다 감정 힐링 효과도 높습니다.

마음 다스리기

『심경부주』와 『논어』에는 화를 누르고 욕망을 절제하는 데 도움이
되는 내용이 많습니다. 주자는 이런 말을 했어요.

사람이 성을 낼 때는 돌발적으로 불쑥 일어난다. 그래서 손권은 '사람으로 하여금 성내는 기운이 산처럼 솟아나게 한다'라고 했던 것이다.

욕심이란 웅덩이나 못과 같아서 그 속이 더럽고 흐려 사람을 더럽게 물들이므로, 욕심을 틀어막는 것은 구덩이를 메우듯 하고, 화를 누르는 것은 산을 넘어뜨리듯 해야 하는 것이다.

이렇듯 화와 욕심은 다스리기 힘든 인간의 기질 중 하나입니다. 따라서 무조건 참는 것이 능사는 아닙니다. 억눌린 감정은 더 나쁜 방식으로 가까운 사람들에게 표출되고 상처를 주기 마련이므로, 화를 참는 방법을 연구할 게 아니라 '나에게 이런 기질이 있다'는 생각이 든다면 근본적인 기질을 바꾸기 위해 노력해야 합니다. 문제는 '산을 넘어뜨릴' 정도의 노력과 구덩이를 메우는 노력이 필요하다는 거지요. 보통 노력으로는 힘들다는 것입니다.

여백공은 이런 고백을 했습니다.

젊을 때는 성품과 기질이 사나워 음식이 마음에 들지 않는다고 불만스러워하며 집안 살림을 부수곤 했다. 훗날 오랫동안 병을 앓게 되면서 『논어』를 아침저녁으로 여유롭게 보다가 "자기를 책망할 때는 두텁게 하고 남에게 책임을 물을 때는 엷게 한다면 원망이 멀어질 것이다"라는 구절에 이르러 평생토록 성내는 것이 느닷없이 없어졌다.

『논어』 〈위령공편〉에 나온 공자의 한마디가 기개가 넘쳐 사나운 여백공의 성질을 다잡는 데 도움을 준 것이지요. 이 사람의 기질을 바로잡은 건 공부였어요. 책을 읽는 사람인가, 읽지 않는 사람인가를 살펴보면 이 사람이 앞으로 좋은 방향으로 변화될 가능성이 있는지 없는지를 파악할 수 있습니다.

화와 욕심을 절제하는 방법으로 증자는 매일 세 가지로 자신을 살필 것을 권합니다.

> 남을 위해 일을 도모할 때 최선의 마음을 다하지 못한 것이 없는가?
> 벗과 사귐에 믿음을 주지 못한 것은 없는가?
> 스승으로부터 전수받은 것을 제대로 익히지 못한 것은 아닌가?

'나 자신 살피기'를 게을리하지 않아야 한다는 것입니다. 남에게 최선을 다하고, 벗에게 믿음을 주고, 배운 것을 실천할 것. 그러지 못하면 화 잘 내고 욕심 많은 사람으로 살아간다는 것이지요. 증자의 말은 다음 공자의 말과 같은 뜻입니다.

> 타고난 본성은 비슷하나 익히는 것에 의해서 달라진다.
> 잘못을 했다면 즉시 고쳐라.
> 자기 허물을 발견하면 마음속으로 송사를 하듯이 맹렬하게 하라.
> 올바른 말이나 글을 들으면 곧바로 실천에 옮겨라.

타고난 본성보다 후천적 노력이 더 중요하며 고칠 때는 맹렬하게 하고, 잘못을 반복하지 않도록 애써야 하며, 바로 실천에 옮기라는 교훈입니다. 정자도 같은 말을 합니다.

> 좋은 것을 보았을 때 좋은 쪽으로 바뀌나갈 수 있으면 천하의 좋음을 다할 수 있고, 허물이 있을 때 그것을 고칠 수 있다면 허물이 없게 될 것이다. 사람에게 유익함이 이보다 큰 것은 없다.

주자도 고칠 때는 맹렬하게 노력해야 한다고 강조합니다.

> 좋은 쪽으로 바뀌는 것은 마땅히 바람처럼 빨리 해야 하고, 허물을 고치는 것은 마땅히 우레처럼 맹렬하게 해야 한다.

내 마음을 읽는 연습

내 마음 점검하기

안타깝게도 나이가 들면 자존감이 낮아집니다. 자존감이 낮아지면 타인에게 섭섭한 게 많아지고 외로움과 열등감을 많이 느끼고 공감 능력이 급격히 떨어집니다. 자존감이 낮으면 타인에게 잘 보이려고 애쓰는 삶을 살게 됩니다. 명품과 쇼핑에 집착하는 사람들 중에는 자존감이 낮은 사람이 많습니다.

저는 크나큰 아픔을 겪은 사람들을 많이 상담합니다. 상처가 깊은 사람일수록 스스로 극복할 힘이 없을 것 같은데 의외로 그렇지 않더 군요. 자신의 아픔을 극복할 힘을 이미 내면에 가지고 있었습니다. 자존감이 낮아졌을 때는 마음 근육이 약해져 그 힘을 찾지 못했을 뿐입니다. 한 집안, 한 회사에서 한 사람만 나서서 함께 있는 사람들에게 자존감을 높여주는 말을 하면 전염이 돼서 주변 사람들까지 자존감이 높아집니다.

사회과학 연구에서 널리 사용되는 자존감 척도 중 '로젠버그 자존감 척도'라는 것이 있습니다. 미국의 사회학자 모리스 로젠버그가 만든 이 척도는 10개 문항으로 이루어져 있습니다. 나의 자존감은 어느 정도인지 테스트해보세요.

(전혀 아니다 1점, 대체로 그렇다 2점, 그렇다 3점, 매우 그렇다 4점)
• 3번, 5번, 8번, 9번, 10번 질문은 전혀 아니다 4점, 대체로 그렇다 3점, 그렇다 2점, 매우 그렇다 1점으로 배점합니다.

1. 나는 다른 사람만큼 가치 있는 사람이다. (   )
2. 나는 장점을 많이 가지고 있다. (   )
3. 나는 대체로 내가 실패자라고 느낀다. (   )
4. 나는 다른 사람들만큼 일을 잘 해낼 수 있다. (   )
5. 나는 자랑스러워할 것이 별로 없다. (   )
6. 나는 스스로에 대해 긍정적인 태도를 갖고 있다. (   )
7. 나는 나 자신에 대해 대체로 만족한다. (   )
8. 나는 나 자신을 좀 더 존중해야 한다고 생각한다. (   )
9. 나는 가끔 나 자신이 쓸모없는 사람이라고 생각한다. (   )
10. 나는 가끔 내가 좋지 않은 사람이라고 생각한다. (   )

합산 점수   19점 이하: 자존감이 많이 낮아진 상태
　　　　　　20~29점: 보통
　　　　　　30점 이상: 자존감이 매우 높은 상태입니다.

뇌과학자들은 자존감이 높아지면 뇌가 건강해진다고 말합니다. 그런데 어떻게 하면 자존감을 높일 수 있을까요? 거울 속의 나를 보며 주문을 걸 수 있습니다. 다음은 뇌를 건강하게 만드는 4개의 문장입니다. 소리 내어 읽어보세요. 우리의 뇌는 내 목소리를 가장 좋아하기 때문에, 내 목소리로 좋은 문장을 읽어주면 더 오래 기억하여 실행에 옮기기 위한 준비에 들어갑니다.

- 나는 걱정하기보다는 긍정적인 생각을 해.
- 나는 항상 좋은 감정을 선택해.
- 나는 나의 선택과 판단을 믿어.
- 다 괜찮아. 참 잘 살았어.

저는 방, 사무실, 차 안에 이 문장들을 붙여놨어요. 그리고 수시로 읽습니다. 그러면 정말 기분이 좋아져요. 우리의 뇌는 가만히 내버려두면 본능적으로 부정적인 생각을 많이 합니다.

좋은 기억과 나쁜 기억 중 어느 것이 더 오래 남을까요? 최근 연구자들마다 견해가 다르긴 하지만 감정이 많이 들어간 기억일수록 오래 남는다고 합니다. 미국의 심리학자 빅 티비츠에 따르면, 인간의 뇌는 부정적인 감정을 긍정적인 감정보다 1.4배 강렬하게 받아들이고 좋은 기억보다 나쁜 기억을 3배 이상 오래 기억한다고 합니다.

우리 뇌는 감정이 강하게 실린 정보를 가치 있고 중요한 정보로 여기고, 그 정보를 장기기억으로 저장합니다. 장기기억을 저장하는 역할을 하는 편도체는 공포나 무력감 등을 느낄 때 활성화되는데, 이때 생존 모드로 전환되면서 그 상황을 고스란히 장기기억으로 저장합니다. 그것이 생존에 유리하다고 판단하기 때문이죠.

물론 좋은 감정도 중요한 정보로 기억합니다. 따라서 나쁜 기억을 상쇄할 수 있는 강하고 좋은 감정이 될 추억을 만들어야 합니다. 나의 자존감을 높이고 행복을 찾는 연습을 해야 합니다.

인생은 나를 사랑하고 만족하는 지표이자 행복의 지표인 자존감을 키우고 회복하는 과정이에요. 자존감이 떨어질 때마다 스스로 회복할 수 있는 나만의 실천 매뉴얼을 가지고 있어야 합니다.

내 마음 챙기기

나를 괴롭히는 나 때문에 힘들어지면 가장 먼저 고장이 나는 게 '공감 능력'입니다. 나도 마음에 안 들고 남도 마음에 안 들어요. 극도로 예민해져서 다 꼴 보기 싫은 지경에 이를 때도 있지요. 최근 심리학에서 '연민'에 관한 연구가 많아지고 있어요. 나를 잘 보살피면서 인간관계를 잘 유지하는 데 꼭 필요한 감정이 연민입니다.

국어사전에 나와 있는 연민의 뜻은 '불쌍하고 가련하게 여김'입니다. 연민은 다른 사람의 고통에 공감하는 능력입니다. 연민은 우리가 다른 사람의 마음을 이해하고 나아가 그의 고통을 덜어주고자 애쓰는 행동으로 발전시키는 감정입니다. 타인에게 연민의 감정을 품으려면 먼저 자기연민을 할 줄 알아야 합니다. 내가 나를 너그럽게 바라보고 격려하고 칭찬하는 '자기자비'를 실천하는 것입니다.

도전에 실패해서 힘이 빠진 나에게 이렇게 자기비난을 하기도 합니다.

'그래, 내가 하는 일이 다 이렇지 뭐. 나는 하는 일마다 왜 다 이 모양일까?'

자기자비는 연민의 마음으로 나를 위로하고 나에게 공감하는 것부터 시작해야 합니다.

'괜찮아. 나니까 여기까지 온 거야. 잘하기 위한 과정이야.'

우리는 상황 자체가 아니라 상황을 바라보는 나의 관점 때문에 고통에 빠집니다. 어려움을 당했을 때 타인을 비난하고 탓하거나, 자신을 비난합니다. 둘 다 좋지 않아요. 특히 나의 실수를 용납하지 못하고 나에게 친절하지 않은 사람은 남에게는 더 관대하지 못합니다. 나 자신에게 먼저 '자기자비'를 실천해야 합니다.

'자기자비'는 성장에 대한 믿음을 갖게 하고 성장 욕구를 키워줍니다. 진정성 있게 자신을 바라보고 타인에게 공감하는 마음 용량을 넓혀줍니다. 승진에서 밀렸을 때, 실적이 저조해서 지적을 받았을 때, 동료와 갈등이 생겨서 위기를 겪을 때를 생각해봅시다. 남 탓으로 돌리는 방어기제를 쓰거나 자신을 비난합니다. 남 탓으로 돌리는 방어기제를 쓰면 내가 성장할 기회를 잃게 되고, 자기비난은 나의 능력을 부정하는 것이기에 나의 성장을 막습니다.

'자기자비'가 기반이 되어야 자존감도 싹틉니다. 진심으로 나를 아끼는 사람이 타인도 아끼고 너그럽게 대할 수 있어요. 자기애가 너무 강한 사람은 현실에 안주하기 쉽고 자기비하가 심한 사람은 패배주의에 빠지기 쉽지만, 자기자비를 실천하는 사람은 가장 현실적으로 자신을 바라보고 보살피기 때문에 성장 가능성이 가장 높습니다.

나에게 "나는 쉴 자격이 없어. 아직 멀었어. 더 달려야 해"라고 말하기보다는 "괜찮아. 애썼어. 조금 더 힘내자"라고 말해주세요.

나 자신에게 연민의 감정을 품으면 이해하기 힘든 행동을 하는 사람, 나를 힘들게 하는 사람에게도 너그러운 마음을 갖게 되어 혜택을 주기도 하지만, 실은 나 자신에게 더 이득을 주는 유용한 감정입니다. 자기자비를 실천하는 사람은 타인에게도 연민의 감정을 품고 자비를 베풀 수 있습니다. 많은 사람이 인간관계의 어려움을 호소하면서 제게 묻습니다.

"나를 힘들게 하는 사람, 나를 미워하는 사람, 정말 꼴 보기 싫은 사람과 매일 얼굴 보고 살아야 한다면 어떻게 해야 하나요?"

누구나 이런 일을 겪어봤을 겁니다. 그 공간은 회사일 수도, 집일 수도, 학교일 수도, 군대일 수도 있습니다. 사사건건 내 감정을 건드리는 그 사람, 나를 무시하는 사람, 나에게 화내는 사람을 떠올려봅시다. 그 사람 정말 '이상한' 사람이죠? 그런데 그 사람은 '아픈' 사람입니다. "자기만 맞고 남은 다 틀리고, 회의나 회식 자리에서도 자기 말만 하는 팀장님이 미워서 미치겠다"라고 호소하는 직장인들도 종종 만납니다. 미워하기보다 측은지심으로 바라봐야 합니다. 욱하고 불같이 화내는 사람은 분노를 다루지 못하는 장애를 가졌으니 본인은 얼마나 힘들겠어요? 주변의 관계들이 거의 끊어져 있을 겁니다. 외로울 거예요.

남의 말은 듣지 않고 자기 말만 하는 팀장도 마음이 아픈 사람입니다. 제일 외로운 병이 '꼰대병'이거든요. 자기가 불통하는 꼰대인지 모르는 사람은 사람들이 자기를 왜 힘들어하는지, 대화하기 싫어하는지를 모릅니다. 그래서 너무 외로워서 자기 말만 계속하는 거예요. 알고 보면 참 불쌍한 사람이죠.

열 받지 말고 연민의 감정으로 바라보세요. 우리가 타인에게 측은지심을 느낄 때, 행복 호르몬인 세로토닌이 분비됩니다. 그러면 좀더 너그러워져요. 연민은 마음을 열게 도와주고, 결국은 나를 행복하게 만들어줍니다. 연민이라는 열쇠로 마음의 문을 열면 상대의 감정도 읽을 수 있습니다. 그 사람의 고통과 어려움이 보입니다. 그때 내마음속 미움이 녹아내립니다. 수혜자는 바로 나 자신입니다. 달라이 라마는 이렇게 말했습니다.

인간의 기본적인 문제는 연민의 부족이다. 이 문제가 지속되는 동안 다른 문제들이 계속 생겨날 것이다. 연민의 문제가 해결된다면 행복의 기회를 잡을 수 있을 것이다.

돈이 많으면 죽을 때까지 행복할 것 같지만, 행복의 증가로 연결되지 않는다는 연구 결과는 이미 많이 나와 있습니다. 미국 일리노이 주에서 약 100억 원의 복권에 당첨된 21명을 대상으로 행복도를 조사했는데, 처음엔 복권 당첨자들의 행복지수가 이웃 주민들보다 월등히 높았어요. 그런데 1년 후에는 별 차이가 없었다고 합니다. UCLA의 앨런 파두치 교수는 '범위빈도이론'에서, 극단적인 경험을 한 번 겪으면 감정이 반응하는 기준선이 변해 어지간한 일에는 감흥을 느끼지 못한다고 주장했습니다. 즉 복권에 당첨된 사람은 웬만한 행운으로는 행복감을 느끼지 못하게 되는 것이지요. 행복은 작고 잦은 사소함에 있습니다. 미국의 심리학자 에드 디너 교수는 "행복은 기쁨의 강도가 아니라 빈도"라고 말했습니다.

행복한 감정과 부정적인 감정은 환경에 반응하는 뇌의 신경회로가 만들어낸 결과물입니다. 행복은 뇌가 인식하고 느끼는 자극에 달려 있어요. 여행을 떠나는 날 비가 오면 "재수 없게 내가 어디 좀 가려고 하면 비가 오네?"라고 불평하는 사람이 있는가 하면 "비 오는 날 여행은 운치 있지!"라며 주어진 환경을 즐기는 사람이 있지요. 같은 환경에 반응하는 신경회로가 만들어내는 결과물이 다른 거예요. 같은 상황에서도 두 사람의 뇌가 다른 자극을 받고 다른 반응을 보이는 건 반복 학습을 통해서 습관화되었기 때문입니다.

불평불만을 늘어놓는 것도 행복을 많이 느끼는 것도 습관입니다.

소소한 행복을 자주 많이 느끼는 사람은 소소한 자극에도 행복을 느끼는 뇌를 가지고 있기 때문입니다. 행복은 습관이 만든 결과물입니다.

생각하는 패턴도 마찬가지입니다. 부정적인 생각 패턴은 가장 불행한 습관 중 하나지요. 자동으로 불평불만이 나오고 타인을 험담하고 싶을 땐 의식적으로 발상을 전환하는 연습을 해보세요. 종이를 꺼내서 써보면 내 생각을 객관적으로 파악할 수 있어서 더 큰 도움이 됩니다.

우리의 생각은 길들이기 나름입니다. 험담을 자꾸 하다 보면 습관이 돼서 누구를 보더라도 자동적 생각이 그를 험담하도록 이끕니다. 단점이 크게 보이고 '저 인간은 왜 저럴까?' 하는 생각이 먼저 듭니다. 불평불만을 자주 하다 보면, 모든 상황이 나에게 불리하게 느껴지고 내가 억울한 사람처럼 느껴집니다. 느낌은 사실이 아닙니다. 매사를 긍정적으로 생각하고 좋은 감정을 선택하는 습관 기르기! 행복의 시작입니다.

우울감과 무기력에서 벗어나는 법

중앙아프리카와 남아프리카에는 스프링복이라는 염소처럼 생긴 영양이 살고 있습니다. 시속 88킬로미터까지 달릴 수 있고 3~5미터까지 점프할 수 있다고 해요. 이 스프링복은 무리를 지어 달리는 특징이 있는데, 수천만 마리가 무리를 이루기도 합니다. 1893년 스프링복에 대해 특별한 연구를 해온 학자들은 그 거대한 대이동을 목격했습니다. 스프링복 떼는 하루 평균 160킬로미터의 속도로, 수천 킬로미터를 횡단했는데, 이동 중에 중간중간 새로운 무리들이 합류하면서 그 수가 늘어나 1억 마리가 넘는 무리가 형성되었고, 이 어마어마한 행진에 사자가 밟혀 죽기도 했답니다. 그런데 결국 스프링복들의 이동은 죽음으로 끝을 맺었습니다. 엄청난 속도로 달리던 무리가 바닷가 벼랑길을 만나 바다로 뛰어든 겁니다. 당시 스프링복의 주검은 해안을 따라 50킬로미터 이상 이어졌다고 합니다.

처음에는 먹이를 찾아 이동하기 시작했을 텐데 점차 수가 많아지고 빠른 속도로 이동하다 보니 밟혀 죽지 않기 위해서라도 빨리 뛰기 경쟁을 했을 겁니다. 먹이를 찾는다는 처음의 목적을 망각하고 속도 경쟁만이 목적이 된 것입니다.

멈출 수 없어서 결국 바다에 빠져 죽었다는 스프링복의 비극적인 이야기가 마음에 와닿습니다. 목표도 방향도 잊어버린 채 숨 가쁜 하루를 보내고 있는 우리의 모습과 닮았어요.

욕구가 강해지면 스트레스 지수도 높아질 수밖에 없습니다. 욕구는 강한데 현실이 욕구를 채워주지 못할 때 스트레스가 심해집니다. 내가 원치 않는 상황을 회피하고 싶어서 '회피 갈등'이 일어날 때, 직장인들이 가장 쉽게 자주 하는 생각이 '이직'이죠. 회피하면 지금 고민이 해소될 것 같기 때문이에요. 스트레스가 심할 때는 좋은 판단을 내리기 어렵기 때문에 회피하는 쪽으로 선택의 에너지가 쏠립니다. 이럴 때는 우선 스트레스에 대처해야 합니다.

성과에 대한 요구는 지나치게 많고, 업무에 필요한 자원은 합당하게 제공받지 못하는 데다 도움받을 사람까지 없을 때 번아웃 증후군에 빠집니다. 인간관계 갈등까지 더해지면 나를 지탱해주던 배터리가 바닥이 납니다.

스트레스와 번아웃 극복하기

1. 긍정적인 멘토 만나기

나와 비슷한 길을 걸었으나 지금은 즐겁게 자기 길을 가고 있는 긍정적인 사람을 만나세요. 충고·조언·평가·판단하지 않고 충분히 내 이야기를 들어주고, 내가 가고 싶은 길에 이르는 지도를 함께 그려줄 멘토를 찾아보는 게 우선입니다.

성공한 경험이 많은 사람만이 좋은 멘토가 될 수 있는 게 아니에요. 실패한 경험이 많지만 그 경험을 토대로 자신의 목표를 향해 매진하고 있는 멘토에게서 오히려 더 많은 도움을 받을 수 있습니다.

2. 산책하고 운동하기

저도 우울증을 3년 동안 앓았어요. 앞만 보고 열심히 일하던 30대 중반에 심각한 번아웃 상태에 빠졌습니다. 공황장애도 함께 앓아서 신경정신과 상담도 받고 약도 오래 먹었지만 잘 낫지 않았어요. 그러다 내가 가장 좋아하는 샛노란 트레이닝복을 입고 기분이 좋아지는 빨간색 운동화를 신고 걷기 시작했습니다. 내가 좋아하는 가수의 노래를 들으면서요.

우리 뇌는 세 가지를 할 때 큰 행복을 느낍니다. 여행, 산책, 운동. 이 세 가지 중에서 '여행'은 시간과 돈이 필요해요. 언제든 할 수 있는 건 아니죠. 여행을 할 땐 뇌가 큰 행복을 느끼지만, 여행을 갈 수 없는 상황에서는 더 큰 스트레스를 받을 수도 있어요.

운동을 해서 혈액을 뇌에 공급해주면 뇌는 최적의 상태가 됩니다. 운동이 우리 뇌 구조를 개선할 수 있다는 거죠. 뇌과학의 권위자인 존 메디나 박사는 "몸을 움직여야 뇌를 움직여서 뇌기능을 발달시킬 수 있다"라고 주장했어요.

그렇다면 운동은 얼마나 자주, 얼마나 오래 해야 뇌 기능에 가장 좋을까요? 조금씩 자주 하는 게 좋습니다. 뇌과학자들은 주 2회 20~30분만으로도 뇌를 단련하고 건강하게 만들 수 있다고 말합니다. 운동을 하면 혈액의 흐름이 좋아지고 새로운 혈관을 만들어내고 우리 몸속 조직에 영양분이 더 많이 공급되면서 우리 몸의 노폐물과 독소를 제거하기 때문에 육체의 기능이 향상됩니다.

운동을 하면 뇌의 치아이랑 부위로 흐르는 혈액의 양이 증가하고 뉴런의 성장이 촉진됩니다. 뿐만 아니라 뇌유래 향신경성 인자를 자극하여 조직 생성을 돕고 뇌 속에 새로운 세포를 만드는 신경 형성을 촉진합니다. 운동이 뇌세포에 영양분을 충분히 공급해주는 것이지요.

운동을 할 때 우리 뇌는 활발하게 활동하기 시작합니다. 그 유익한 변화들을 정리해볼게요.

뇌의 신경세포(기억, 습관, 감정, 지능, 언어 등 한 인간을 구성하는 모든 정신작용이 정보화되어 있는 곳)는 시냅스에 의해 이어져 있는데 신경세포와 시냅스의 연결을 강화해서 불안과 우울, 스트레스로 힘들어하는 해마의 상태를 개선하고, 좋은 기분을 유지할 수 있게 해줍니다.

시냅스도 더 많이 생겨나서 연결망이 확장되면 해마에서 새로운 줄기세포들이 분열해서 뇌의 기능은 더 좋아집니다. 스트레스 호르몬인 코르티솔은 몸에 한번 축적되면 몸 밖으로 잘 배출되지 않아요. 하지만 운동은 코르티솔을 배출하는 데도 아주 효과적입니다.

1년 동안 매일 20~30분씩 운동을 규칙적으로 한 사람들의 경우 뇌에서 해마가 눈에 띄게 커졌다고 합니다. 해마는 단기기억을 장기기억으로 전환하는 역할을 하는 곳이에요. 노화가 진행되면 가장 먼저 퇴화하죠. 새로운 해마 신경세포의 성장을 돕고, 뇌의 전반적인 성장에 꼭 필요한 신경영양인자의 분비를 활성화하는 건 운동밖에 없습니다.

산책과 운동은 돈을 들이지 않고도 마음만 먹으면 언제든지 할 수 있습니다. 산책은 걸으면서 주변과 소통할 수 있게 하고, 운동은 오로지 내 몸에 집중하게 하죠. 근육이 생기고 몸매의 변화를 느낄 때 아주 강력한 쾌감을 느끼고 자존감도 쑥쑥 자랍니다. 그래서 우리 뇌는 '운동'할 때 가장 큰 행복을 느끼고 스트레스를 떨쳐버린다고 해요.

방 밖으로 탈출해서 좋은 멘토를 만나고 산책하고 운동하세요. 몸을 움직이면 긍정적인 에너지가 생겨요. 몸의 에너지를 회복해야 마음의 에너지도 충전되어 내가 하고 싶은 일이 뭔지 목표를 찾게 되고 다시 걸을 힘이 생깁니다.

운동은 취미생활이 아니라 생존전략입니다. 작심삼일로 끝나지 않으려면 친구와 함께하세요.

1. 같은 목표를 추구하며 서로를 응원하는 친구를 만들기.
2. 매일 서로를 체크하기.
3. 작은 목표를 자주 세우고 성취의 기쁨을 자주 누리기.

'나를 깨우고 함께 춤추는 일!'을 시작해보세요. 음악이 시끄럽다고 느끼는 사람들은, 춤추는 사람들이 미친 것처럼 보일지도 모릅니다. 음악의 감미로움을 알게 되면 함께 춤추는 감격을 맛보게 됩니다.

3. 멍 때리고 딴짓하기

우리 뇌는 '멍 때릴 때' 푹 쉽니다. 스트레스를 잊어요. 잠자면서도 일 생각에 스트레스를 받으면 뇌가 과부하에 걸려서 "다 때려치우고 도망가고 싶다!"라고 외치게 돼요. 번아웃 증후군은 단순히 무기력해지는 것뿐만 아니라 건망증을 유발하고, 예민해진 뇌는 불면증과 우울증을 불러와요.

틈틈이 일 말고 딴짓을 해야 합니다. 점심시간에 이어폰 꽂고 신나는 노래 들으며 10분이라도 빠른 걸음으로 산책하기, 직장 동료와 커피 내기 오목 세 판 두기도 좋아요. 잠시라도 일 생각에서 벗어날 수 있으니까요. 또 일주일에 한 번 정도는 몸을 쓰는 취미생활을 해보세요. 충분히 자는 것도 필요하지만 그것만으로는 충전이 되지 않아요. 몸을 움직이고 일과 전혀 상관없는 것들을 경험해보세요.

누구에게나 우울감이 찾아올 때가 있습니다. 하지만 너무 오래 머

물러 있으면 안 돼요. 우울감을 내버려두면 '어제는 힘들었고 오늘
도 힘들지만 내일은 나아질 수 있어'라는 생각 자체를 못하게 돼요.
깊은 우울감에 빠졌을 때는 빨리 거기서 나오기 위해 안간힘을 써야
합니다.

나답게 사는 연습

원하는 대로 말하고 실천하기

나를 불편하게 하는 감정 잘 다루기, 불편한 감정을 느꼈을 때 좋은 반응 선택하기, 행복한 감정 많이 느끼기. 이것만 잘하면 매일 기분 좋게 주변 사람들과 잘 지낼 수 있어요.

합리적으로 생각하는 것, 좋은 감정을 선택하는 것도 습관입니다. 감정은 환경이 주는 자극에 의해서 자동 반응하는 것이 아니라 내가 선택할 수 있는 것입니다. 좋은 반응을 선택하는 능력이 내 안에 있습니다. 이 책에서 배운 것들을 매일 연습하세요. 평생 습관으로 만드는 게 우리의 목표입니다.

나의 뇌는 언제든지, 얼마든지 변할 준비가 되어 있습니다. 불편한 감정으로 인해 생긴 공포가 사라진 자리에 희망과 행복을 담을 수 있는 가능성이 열려 있습니다. 매일 일상 속에서 연습하면 됩니다. 전문가의 도움을 받을 수도 있겠지만 혼자서도 충분합니다.

나를 회복하려면 '집중과 통제'가 필요합니다. 우리는 집중해서 감정을 다루는 연습을 하고 자동으로 반응했던 방어기제들, 행동 패턴을 통제할 수 있습니다. 긍정과 행복 패턴을 나의 뇌에 저장할 수 있습니다. 간디는 이렇게 말했습니다.

당신이 원하는 변화를 먼저 이뤄라.

저는 매일 '자기충족 예언'을 만들고 실행합니다. 사회학자 로버트 머튼이 사용한 이 용어는 '예언하고 바라는 것이 실제 현실에서 충족되는 방향으로 이루어지는 사회심리학적 현상'을 말합니다. 나의 예언이 이루어질 거라고 강력하게 믿음으로써 나의 행동을 믿음에 따라 맞춰가기 때문에 실제로 이루어지게 하는 것이지요. 이는 사람의 믿음이 행동에 영향을 준다는 것을 보여줍니다.

내가 원치 않는 말과 행동을 버리고 내가 원하는 말과 행동을 선택하려면, 내가 원하는 것을 먼저 이루었다고 생각하고 그 문장들을 써야 합니다. 부정적인 표현과 단어를 모두 버리고 긍정적인 단어만 쓰세요. 추상적인 표현이 아니라 구체적으로 말과 행동을 묘사해야 합니다. 시제는 현재형으로 씁니다.

- 화가 날 때 잠시 멈추고 호흡에 집중하니 기분이 차분해지고 있어.
- 날마다 나를 사랑하는 연습을 하면서 나를 칭찬하니까 내가 참 소중한 사람이란 걸 알게 되어서 행복해.
- 나에게 불쾌한 감정을 불러일으키는 사람들을 연민의 감정으로 바라보니 내 마음이 편안해지고 있어.
- 나는 날마다 좋은 감정을 선택하고 내 마음의 평화에 집중할 수 있게 되었어.
- 오감에 집중하는 연습을 하니까 마음이 편안해지고 좋은 감정들을 더 많이 느끼고 있어.
- 나는 날마다 사람들을 만나면 먼저 웃고 있어. 관계 맺는 것이 이젠 즐겁고 행복해.
- 연민의 감정, 감사하는 마음, 행복을 찾는 연습을 날마다 하니까 정말 기분이 좋아.

이런 식으로 5~10개의 문장을 만듭니다. 그리고 날마다 소리 내어 읽으세요. 목표를 이루어낸 문장은 지우고, 추가하고 싶은 문장을 새로 만들되 10문장을 넘기진 마세요.

매일 반복하면 행복을 감지하는 뇌의 감각이 발달됩니다. 뇌는 반복하는 패턴을 인지하고 기억합니다. 우리가 자동으로 반응하는 말과 행동의 패턴은 소뇌가 담당하는데, 소뇌에 긍정과 행복 패턴이 저장됩니다. 매일 아침, 그리고 잠들기 전에 소리 내어 읽어보세요. 기분이 정말 좋아집니다. 그리고 말대로 행동하는 나를 발견하게 될 겁니다.

관계를 지배하는 감정은 잘 관리해야 합니다. 내 감정을 알아차리고 좋은 반응을 선택하는 능력을 키우는 연습은 매일 해야 합니다. 내 감정을 알아차리는 일에 섬세하게 깨어 있지 않으면 서로가 성장하는 관계로 연결될 수 없습니다. 나를 힘들게 하는 상대방의 말과 행동은 내가 바꿀 수 없지만 내 감정은 내가 주체가 되어서 잘 다룰 수 있습니다. 이제 그 능력을 찾고, 연습과 실천을 통해서 관계 속에서 꽃피울 차례입니다.

스스로 긍정 신호 보내기

우리는 자존감을 높이고 행복을 창조하는 기억 세포를 만들 수 있습니다. 습관 중에 가장 나쁜 습관은 '부정적으로 생각하는 습관'입니다. 긍정적으로 생각하고, 행복을 창조하는 습관을 길러야 합니다. 우리의 뇌는 긍정적 경험보다 부정적 경험을 더 오래 기억합니다. 그래서 부정적 단어, 막말과 욕설이 기억에 더 오래 남지요. 욕설을 들으면 뇌의 변연계 중 편도체가 자극을 받습니다. 욕을 하는 사람도 듣는 사람도 심장박동이 빨라집니다. 그러면 이성이 마비되고 부정적 감성이 활성화됩니다.

자존감이 높은 사람들은 매사를 긍정적으로 해석하고 만족과 기쁨을 표현하는 단어를 많이 씁니다. 내가 쓰는 말은 나의 뇌에 영향을 끼칩니다. 우울하면 부정적인 정서를 표현하는 단어를 많이 쓰게 됩니다. 부정적 정서를 표현하는 단어를 자주 쓰면 당연히 그 감정에 더 깊이 빠져듭니다. 뇌가 단어에 자극을 받아서 부정적인 정서 속에 머물고 싶어하는 힘이 더 강해지거든요.

우울증, 대인관계의 어려움을 호소하는 사람들의 대화를 녹음해서 그들이 사용한 단어를 추출한 연구가 있습니다. 그들은 '의욕 없어' '괴로워' '슬퍼' '자괴감을 느껴' 등 부정적인 정서를 표현하는 단어를 무의식중에 많이 사용하고 있었습니다. 이런 사람들은 또 '절대로' '확실히' '결코' '전부' '항상' '당연히' '무조건'과 같은 단정적인 표현을 많이 씁니다. 이런 단정적인 표현도 나의 뇌를 부정적으로 길들입니다.

뇌는 긍정적인 단어를 쓸 때 긍정적인 유전자를 활성화시킵니다. 편안함, 만족, 기쁨을 나타내는 단어를 자주 소리 내어 발음하세요. 의식적으로 사용하다 보면 무의식중에도 계속 쓰게 됩니다. 긍정적인 감정을 자극하는 단어들을 자주 소리 내어 읽어보세요. 뇌는 행동하는 걸 좋아합니다. 눈으로 보고 귀로 듣는 건 수동적인 학습이며, 소리 내어 읽는 것은 행동으로 하는 학습입니다. 나의 뇌는 나의 목소리를 가장 좋아합니다.

편안한 감정부터 황홀한 감정에 이르는 감정단어들을 감정이 자연스럽게 연결되도록 나열해보았습니다. 좋은 감정을 상상하는 것만으로도 뇌에서는 행복 호르몬인 세로토닌이 나옵니다.

고요한	편안한	평온한	여유로운	느긋한	아늑한	온화한	안전한
든든한	포근한	평화로운	평안한	정겨운	정다운	친절한	화사한
따사로운	감미로운	아름다운	부드러운	행복한	감동적인	감사한	사랑스러운

흐뭇한	뿌듯한	보람 있는	만족스런	흡족한	상쾌한	시원한
싱그러운	상큼한	반가운	즐거운	재미있는	기쁜	생동감 있는
후련한	홀가분한	속 시원한	유쾌한	통쾌한	살맛 나는	활력 넘치는
당당한	활기찬	힘찬	자유로운	신바람 나는	황홀한	날아갈 듯한

지금, 기분이 어떤가요?

여러분은 지금 긍정적인 감정을 살리는 언어 치유를 경험하고 있습니다.

저는 기분이 가라앉을 때, 부정적인 감정이 밀려올 때 명랑한 목소리로 이 단어들이 주는 감정을 상상하면서 읽습니다. 녹음해서 무한 반복 재생을 해요. 출근할 때도 듣고 잘 때 틀어놓고 자기도 합니다. 그러면 나의 뇌에 계속 입력되어 일상 속에서 나도 모르게 자주 사용하게 되고 이 감정을 많이 느끼려고 애쓰게 됩니다. 긍정적인 에너지가 내 마음을 채우고 내가 만나는 사람에게도 전달됩니다. 긍정적인 관계 에너지가 생성되는 겁니다. 부정적인 감정이 밀려올 때, 자존감이 떨어질 때 긍정적인 감정을 회복하기 위한 자기만의 실천 매뉴얼로 활용해보세요.

내가 쓰는 언어가 달라지면, 나와 대화하는 사람들의 언어도 달라집니다. 말과 감정은 전염성이 강하니까요. 자존감을 높이고 행복을 창조하는 기억 세포는 내가 노력해서 만드는 것입니다.

부정적인 감정 없애기

이번에는 행동 처방을 배워보겠습니다.

드디어 골치 아픈 시험이 끝나고 귀가해서 침대에 누웠을 때, 고급 안마의자에 앉았을 때, 휴양지 호텔에 도착해서 바다가 보이는 소파에 앉았을 때를 상상해보세요. 그때 취하는 나의 가장 편안한 자세를 기억해두세요. 불안, 공포, 짜증, 우울, 분노와 같은 부정적인 감정이 밀려올 때 그 자세를 취해보는 겁니다.

제가 독일에서 공부할 때, 발표공포증이 있는 저에게 신경정신과 의사는 평소에 파워포즈를 자주 취해보라는 처방을 해준 적이 있어요. 저의 파워포즈는 '사장 포즈'라고도 불리는 자세인데요, 편안한 의자에 앉아서 신발을 벗고 책상에 다리를 쭉 뻗어서 높이 올립니다. 양손은 목 뒤에 깍지를 껴서 목을 받칩니다. 최대한 거만한 자세로 눕듯이 앉습니다. 이 자세로 노래를 부르거나 음악을 듣거나 하는 거죠.

　사회심리학자인 하버드대학 경영대학원 에이미 커디 교수는 '파
워포즈'가 신체와 정신에 어떤 영향을 끼치는지 실험을 했어요. 그
결과 일어서서 머리 위로 두 팔을 뻗거나, 책상 위에 다리를 올리고
의자에 기대어 앉는 '몸을 여는 자세'가 무력감을 자신감으로 바꾼
다는 사실을 증명했습니다. 5분만 파워포즈를 취해도 우리 혈액 속
의 호르몬 수치가 급격히 변했습니다. 피실험자가 부정적인 감정을
느낄 때의 혈액을 채취하고, 사장 포즈를 5분간 취하게 한 뒤 혈액을
채취하여 두 혈액을 비교해보니, 남성 호르몬인 테스토스테론은 증
가하고 스트레스 호르몬인 코르티솔은 급격히 줄어드는 신기한 발
견을 하게 된 거죠.

우리가 취하는 행동으로 나의 심리 상태와 몸을 동시에 변화시킬 수 있어요. 일상에서 쉽게 할 수 있는 행동치료입니다. 심리학에서는 '체현'이라고 해요. 불안, 공포, 짜증, 우울, 두려움, 분노와 같은 감정이 밀려올 때, 체현의 힘을 이용해보세요.

자기효능감 키우기: 공부

나이 들수록 효과적으로 공부하는 습관을 길러야 자기효능감이 증가합니다. 공부 방법의 상대적인 효용성을 분석해서 같은 시간을 투자하더라도 좀 더 효율적으로 학습할 수 있는 방법을 제시한 연구는 많이 나와 있어요. 개인의 차이, 연령 차이, 학습 분야의 특수성과 상관없이 '효과적인 학습법'을 일반화한 결과를 소개할게요.

연구 결과 중 가장 높은 효용성을 인정받은 공부 방법은 '연습시험'을 보는 것과 '분산 학습'이었습니다. 먼저 '연습시험'을 소개할게요. 만약 자격증 시험을 준비한다면 암기한 다음 문제집만 푸는 것이 아니라 교재를 정독한 뒤 이해한 내용들을 스스로 떠올려보세요. 이를 '회상 및 재인식' 과정이라고 합니다.

두 그룹으로 나누어 실험을 진행했습니다. '교재를 반복해서 외우고 복습한 그룹'과 '회상 및 재인식을 한 뒤 스스로 연습시험을 치른 그룹'의 학습 성과를 비교했더니 후자가 두 배가량 높게 나왔습니다.

암기력은 나이가 들면 떨어질 수 있으나, '회상 및 재인식' 능력은 학습자의 나이와 연관이 거의 없었습니다. 학습 분야, 시험의 종류, 교재의 종류와도 상관없이, '회상 및 재인식을 한 뒤 스스로 연습시험을 치른 그룹'의 학습 수행 능력이 월등히 높았습니다.

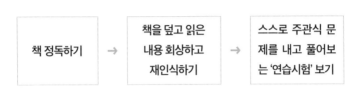

'분산 학습'은 힘들지 않을 정도의 학습량을 채우고 나면, 적당한 휴식을 취하며 나누어 학습하는 방법입니다. '분배 학습'이지요. 이 방법으로 공부한 사람이 휴식을 취하지 않고 단숨에 학습하는 '집중 학습'을 한 사람보다 학습 수행 능력이 월등히 높았습니다. 학습하는 동안에만 학습 효과가 일어나는 것이 아니고, 휴식 중에도 2차적인 학습이 이루어지기 때문입니다.

예를 들면, 몰아쳐서 4시간 공부하는 것보다, 50분 공부한 후에 10분 휴식하기를 네 번 반복하는 게 효율적이라는 말이에요. 뻔한 소리 같지만, 실험 결과상으로도 학업 능률성이 배로 높았다고 하니, 우리도 실천해보죠.

자기효능감 키우기: 리더십

리더십은 자기효능감과 정비례합니다. 그동안 리더십의 정체를 밝히기 위한 연구는 모든 분야에서 진행되었지만, 아직까지 리더십의 정체는 뚜렷하게 밝혀지지 않았습니다. 조직에 따라 상황에 따라 다른 리더십이 필요하기 때문일 거예요.

리더십은 타고날까요? 연구자들의 논문을 살펴보고 얻은 결론은 '리더십은 학습에 의해서 후천적으로 형성된다'는 것입니다. 권력과 리더십을 발휘하는 데 인간과 동물 사이에 특별한 차이가 있는지 연구한 사례도 많아요. 인간과 동물 세계의 우두머리 역할을 하는 존재를 탐구해보니 타고난 성향이 있는 게 아니라 후천적인 경험이 우두머리를 만드는 핵심 요인으로 나타났습니다. 자연적으로 타고난 리더는 존재하지 않는 셈이지요. 미국 밀스칼리지 제니퍼 스미스 교수팀은 사회를 이루는 포유동물과 사람의 리더십 유형을 분석해《생태 및 진화 경향》에 게재한 논문에서 그 사례를 상세하게 다루고 있습니다.

외향적 성격과 내향적 성격 중에서는 어떤 성격이 리더로서 더 좋은 성과를 낼까요? 와튼스쿨 최연소 종신교수이자 조직심리학자인 애덤 그랜트가 이 연구를 했어요. 수동적이고 의욕이 없는 구성원들이 모인 조직에서는 외향적인 사람이 리더가 되어 이끌어야 성과가 났고, 적극적이고 의사 표현이 활발한 구성원들이 모인 조직에서는 차분하고 내성적인 리더가 성과를 향상시키는 경향이 있었습니다. 내향적인 리더는 외향적인 리더보다 '경청하는 능력'이 탁월했기 때문입니다.

스위스 취리히대학 신경경제학센터 미카 에델슨 교수팀은《사이언스》에 발표한 논문에서 리더십의 본질을 "타인에게 영향을 끼치는 결정을 피하지 않고 감당하는 성향"이라고 주장했습니다.

에델슨 교수팀이 뛰어난 리더의 뇌는 다르게 작동할 거라는 가설을 세우고 연구를 진행한 결과, 위험을 감수하는 능력, 모험심 등은 실제 조직에서 발휘하는 리더십과는 거의 관계가 없었습니다. 눈에 띄는 차이는 '결정하는 능력'이었어요. 개인의 문제를 결정할 때와 달리 조직의 성과에 관련된 결정을 해야 하는 상황에서 많은 사람이 결정을 미루는 성향을 갖고 있습니다. 하지만 리더십이 뛰어나다고 인정받는 사람들은 단체의 결정을 스스로 감당해내는 능력을 가졌다는 것입니다.

통상적으로 '위험을 감수하는 단호한 결정 능력'을 가진 사람이 리더십이 뛰어나다고 규정했던 것과는 다른 결과였습니다. '나를 포함한 타인의 운명을 결정하는 선택을 다른 사람에게 떠넘기지 않고 감당하는 능력'이 바로 리더십인 셈입니다.

의사결정을 잘하려면 먼저 적절한 시기에 최선의 결정을 해야 합니다. 확신이 들 때까지 선택을 미루면 때를 놓칩니다. 70퍼센트 정도 좋은 결정이라는 생각이 들면 과감하게 실행에 옮기되 몇 단계로 나누어 수행합니다.

두 번째로, 의사결정이 잘못됐다고 판단되면 잘못을 인정하고 즉

시 수정해야 합니다. 자신의 결정에 고집을 부리는 건 조직에 해를 끼치는 일입니다.

『논어』에 제가 좋아하는 구절이 있습니다.

잘못했을 때는 즉시 고쳐라.

공자가 실수를 대하는 생각이 고스란히 담긴 문장입니다. 잘못이 있으면 그것을 바로잡는 데 우물쭈물해서는 안 된다는 것입니다. 공자도 실수를 했을까요? 물론입니다. 공자도 제자나 다른 현인들의 지적을 받을 때가 간혹 있었습니다. 그때 공자는 "이렇게 지적해주는 사람을 곁에 둔 나는 행복한 사람"이라고 말하며 기꺼이 지적을 받아들이고 바로잡는 모습들이 『논어』에 나옵니다.

마지막으로, 젊은 구성원들의 의견을 많이 들어야 합니다. 나이가 들수록 '인지적 융통성'이 떨어져서 좋은 결정을 하기 힘듭니다. 따라서 젊은 조직원들의 의견을 적극적으로 듣고 의사결정에 반영해야 합니다.

완벽한 의사결정이란 존재하지 않습니다. 최선의 의사결정을 적절한 시기에 내리고, 결정이 잘못됐다고 깨닫는 순간에는 빨리 수정하기. 이것만 지켜도 의사결정 능력이 커집니다.

나를 성장시키는 좋은 습관

좋은 습관을 몸에 익히는 건 새로 태어나는 것과 같습니다. 자존감이 충만해지고, 대인관계에 자신감이 생기고, 활기찬 관계 에너지를 만듭니다. 함께 대화하고 일하고 싶은 사람이 되는 것이죠.

꾸준히 성장해서 성과를 이루어내는 사람들은 좋은 유전자를 타고난 사람들이 아니라, 좋은 습관을 가진 사람들입니다. 나를 성장시키는 에너지는 선천적 재능이 아니라 절제력, 노력, 회복탄력성, 끈기를 통해 탄생하는 '좋은 습관'입니다. 괴테는 이렇게 말했습니다.

조각가가 작품을 탄생시킬 원재료를 갖고 있듯, 누구나 자신의 운명을 손에 쥐고 있다. 다만, 재료를 원하는 모양으로 빚어내는 기술은 공들여 배우고 개발해야 한다.

성장이 느린 사람들의 공통점은 '일을 미루는 습관'을 가지고 있다는 것입니다. 하찮은 일도 매일 꾸준히 하면 놀라운 결과를 낳습니다. 습관은 몸에 익어서 무의식적으로 반복하는 행동이나 사고입니다. 모든 행동의 40퍼센트가 습관에 의해 결정된다고 합니다. 나의 습관은 건강, 일, 관계, 행복에 엄청난 영향을 끼칩니다. 개인의 삶을 넘어 사회, 조직, 기업에까지 영향을 끼치지요.

평생 나쁜 습관에 질질 끌려다니는 사람이 있고, 좋은 습관을 몸에 익히며 성장하는 사람이 있습니다. 습관은 '신호 – 반복 행동 – 보상'의 3단계 과정을 거쳐 형성됩니다. 습관을 바꾸려면 결심부터 단단히 하고, 신호가 오는 그 순간부터 의식적으로 노력해야 합니다.

6시에 알람 소리를 듣고 깨면 5분만 더, 5분 만 더, 행동을 지연시키다가 결국엔 7시까지 누워 있습니다. 5분마다 울리는 알람소리에 자는 것도 깬 것도 아닌 불안하고 짜증만 증가하는 상태로 1시간을 누워 있다가, 결국엔 7시에 일어나서 헐레벌떡 준비하고 겨우 지각을 면하는 일상이 반복됩니다. 이런 습관이 있다면, 굳게 결심하고 벌떡 일어나세요. 반복 행동의 고리를 끊어야 합니다.

내가 원하는 사람이 되는 방법은 마음먹은 것을 '지금 바로 시작'하는 것입니다. 핑계 대지 말고, 변명하지 말고, 자기합리화를 하지 말아야 합니다. 새로운 습관이 완전히 나의 것으로 정착되기까지는 최장 1년이 걸린다고 합니다. 그러니 미루기가 습관으로 굳어졌다는 건 중독된 것과 다르지 않습니다.

매일 6시에 기상해서 20분 운동하기

1단계 3일! 72시간이 고비다! '미루기 유혹'을 떨치자.

2단계 3주! 힘들어도 매일 반복하면 뇌 속의 해마가 '중요한 일'로 판단하고 중장기 기억으로 측두엽에 저장합니다. 뇌에 새로운 회로가 형성되는 것입니다. 21일 동안, '게으른 나'와 '결심한 내'가 아침마다 싸워야 합니다. 게으른 내가 결심한 나를 자꾸 설득하려 할 때, 오늘만 예외를 두자고 꼬드길 때, 그냥 벌떡 일어나는 행동을 해야 합니다.

3단계 3개월! 평생 습관으로 정착됩니다. 3주 동안 같은 행동을 반복하면, 3개월 동안 계속할 수 있는 힘이 생깁니다. 알람 없이도 6시에 거뜬히 일어날 수 있어요. 3개월 동안 6시에 일어나는 행동을 반복했다면, 자신에게 보상을 해주세요. 내 인생은 노력한 시간만큼 성장해 있을 겁니다.

저는 3개월 동안, 아침 6시에 일어나서 20분 운동하고, A4 용지 한 장 분량의 글을 쓰고, 3개월 만에 책 한 권을 낼 수 있었습니다. 이렇게 꾸준히 쓰면 1년에 책 세 권을 낼 수 있습니다. 하루에 1시간씩 28년 동안 걸으면 지구 한 바퀴를 돌고도 시간이 남습니다. 시작은 설레고, 과정은 고통스럽고, 결과는 감격스러울 것입니다.

나쁜 습관 버리기

'오늘 할 일을 내일로 미루기'가 특기인 사람이 많습니다. 이들은 마감 직전까지 지금 할 것인지, 미룰지를 놓고 팽팽한 신경전을 벌입니다. 그 신경전은 엄청난 스트레스를 유발합니다. 미리 해치우는 게 응당 홀가분할 텐데도 온갖 핑계를 만들고 또 만들며 미루는 심리는 대체 뭘까요?

'미루는 습관'은 '비합리적 지연'이 습관화된 것입니다. 그렇다면 이제 비합리적 상태에서 빠져나오는 방법을 찾아야 합니다. '미루기'는 '지연 행동'으로 '해야 할 일을 불필요하게 미루는 것'입니다. 지금은 더 급한 일을 위해서 온갖 핑계를 대면서 미루지만, 미루어진 일은 내일 나에게 '더 급한 일'이 되고 맙니다.

마감시간 직전, 마지막 순간까지 버티고 버티다가 헐레벌떡 대충 일을 처리했거나, 일을 망친 경험을 떠올려보세요. 미루는 그 순간에는 즐거운 것 같지만, 시간이 지날수록 즐거움보다 더 큰 무게의 죄책감, 자신에 대한 실망감, 무능함, 우울감을 느끼게 만드는 것이 '미루기'가 가져다주는 감정입니다.

개인마다 차이가 있지만, 미루는 '지연 행동'은 다음과 같은 사고 과정을 거칩니다.

약간의 희망 - 불안 - 죄책감

초기에는 아직 시간이 있고 마감일이 가깝지 않으니 언제든 시작하면 빨리 해낼 수 있을 거라는 약간의 희망이 있습니다. 하지만 계획대로 하지 않은 것에 대한 불안감이 생기고, 곧 시작해야 한다는

'압박감'을 벗어날 수는 없습니다. 시간이 다가오지만 '아직도' 시작하지 못하는 자신을 보면서 '불안감'이 찾아옵니다. 아직 시간이 있으므로 '괜찮다'고 자기합리화를 하지만, 마감시간이 다가올수록 '죄책감'을 느끼게 됩니다. 이때 결과는 두 가지로 나타납니다.

1. 초조한 마음으로 행동을 시작한다.
2. '이번이 마지막이며, 다음에는 꼭 미리 하겠다'는 결심을 하면서 '이번만' 포기한다.

2번을 택한 경우, 시간이 갈수록 '죄책감'은 더욱 커지며, 다음과 같은 상황에 처하더라도 또다시 2번을 택할 확률이 높습니다.

'미루기'에 대한 연구 결과들을 살펴보면, 미루는 사람들의 특성이 단순히 '시간 관리 실패'에 있는 것이 아니며, '자기통제'에 실패하는 사람들이 '비합리적 지연'을 계속 반복하고 있다는 것을 알 수 있습니다.

'미루기'의 강도가 어느 정도인지 알아보고 싶다면, 심리학자 피어스 스틸이 만든 다음 질문에 답하고 점수를 합산해보세요.

'미루기 선수'들은 '지금 할 수 없는 이유'와 '나중에 하는 게 더 나은 이유' 그리고 '마감이 임박해서 일을 처리할 때 더 집중해서 좋은 성과를 낼 수도 있는 이유'를 찾는 데는 천재들입니다. 특히 세 번째의 경험이 많은 것은 장기적으로 볼 때 위험합니다. '미루는 습관'이 만성화되면 반드시 인생에서 중요한 일에서도 낭패를 볼 수 있습

(매우 그렇다 5점, 그렇다 4점, 종종 그렇다 3점, 아주 가끔 그렇다 2점, 전혀 아니다 1점)

1. 너무 늦은 시점까지 결정을 미룬다. ( )

2. 결정을 한 후에도 실행을 미룬다. ( )

3. 최종 결정에 도달하기 전까지 사소한 여러 가지 일에 시간을 허비한다. ( )

4. 마감에 임박해서 준비를 하는 중에도 종종 다른 일을 하는 데 시간을 사용한다. ( )

5. 단순히 처리할 수 있는 일조차도 며칠씩 미루다가 처리하지 못할 때가 있다. ( )

6. 때때로 며칠 전에 하려고 했던 과제를 임박해서 겨우 한다. ( )

7. 항상 '내일 해야지'라고 생각한다. ( )

8. 해야 할 일의 시작을 '지금'이 아닌 '나중'으로 미룬다. ( )

9. 시간이 늘 부족하다. ( )

10. 시간에 맞춰서 일을 하는 게 힘들다. ( )

11. 마감 시간을 잘 지키지 못한다. ( )

12. 마감 직전까지 미뤘다가 손해 본 경험이 있다. ( )

합산 점수가 36점 이상이라면?

상습적으로 미루는 습관이 일상에 지장을 주고, 본인에게도 심각한 스트레스를 초래하고 있습니다.

니다.

기말시험 대체 리포트를 시간 내에 제출하지 못해서 낮은 학점을 받은 경험, 비행기표 예매를 미루고 미루다가 임박해서 알아보니 매진되어 여행 계획에 큰 차질을 빚었던 경험, 기간 내에 세금을 내지 않아서 과태료를 물었던 경험 등 다양한 미루기 습관이 초래한 쓰라린 결과의 기억들이 하나쯤은 있지 않나요?

이 경험들이 자주 쌓이면 '미루기'는 그저 나쁜 습관이 아니라, 내 인생을 바꿀 수 있는 '기회'들을 박탈하고 '인생 평균 점수'를 끌어내리는 치명적인 습관이라는 걸 알게 됩니다.

미루는 사람들 중에는 완벽주의자도 많습니다. 모든 일을 '완벽'하게 처리하고자 하는 강박이 있는 것이지요. 내가 하는 일은 '아직 많이 부족하다'고 생각하기 때문에 쉽게 좌절합니다. 충분히 잘하고 있더라도 이상이 너무 높아 어떤 일을 완벽하게 해낼 수 있다는 자신감이 생기기 전까지 시작을 못해요. 완벽하게 해내겠다는 생각에 사로잡혀서 마감 기한을 연기해줄 것을 요청하고, 기한이 넘어서도 제출하지 못하고 괴로워하죠. 완벽하게 해내기 위해서 시간을 지연하는 것, 이것도 비합리적 지연이 습관화된 것입니다.

시간을 확보했으니 성과는 더 좋아야겠지요?

하지만 안타깝게도 그렇지 않습니다. 연구에 따르면, 학자들의 경우도 완벽주의 성향이 높을수록 출간한 논문의 수가 적었습니다. 심지어 안타깝게도 논문의 질 또한 낮았다고 합니다.

미루기는 내일의 나에게 폭탄을 돌리는 것입니다.

미루는 습관을 버리고 새 습관을 만들기 위해 제가 매일 연습하고 있는 좋은 방법들을 소개합니다.

1. 마감시간을 스스로 24시간 당기기.
2. 일을 해야 할 장소에서(예:책상) 고민하기.
3. 완수해야 할 일을 작게 여러 개로 쪼개서 '완수 - 쉬기- 완수 - 쉬기'를 반복하기.
4. 과제를 완수한 후 자신에게 보상하기.

5. 다른 사람과 같이 하거나, 자신을 재촉해줄 것을 부탁하기.

6. 미루고 싶을 때마다, '5-4-3-2-1-시작!'을 외치고 자리 박차고 일어나기!

노력으로 IQ를 상승시키기는 어렵습니다. 하지만 좋은 습관을 몸에 익히면 매일 '더 나은 인간'으로 진화해나갈 수 있습니다. '타고난 능력'을 이기는 것은 '노력하는 능력'입니다. 시간은 많이 걸릴지도 몰라요. 하지만 매일 조금씩 반복적으로 연습한다면, '타고난 능력자'들을 이기는 날이 옵니다.

새로운 습관 만들기

습관은 타고난 천성보다 10배나 힘이 세다.

근대 심리학의 창시자 윌리엄 제임스가 한 말입니다. 실행할 의지만 있다면 새로운 습관을 단번에 습득하는 것이 가장 좋은 방법입니다. 나쁜 습관들은 서서히 굳어져서 '일상의 중독'이 되어버린 상태입니다. 이 습관들을 끊으려고 할 때 서서히 끊는 게 좋은지, 단번에 끊는 게 좋은지는 전문가들 사이에서도 의견이 갈려요. 하지만 마음을 굳게 먹고 일단 실행에 옮겨보는 거예요.

첫째, 환경을 바꾸세요

의지력보다 작은 부분이라도 환경을 바꾸는 게 중요합니다. 나를 유혹하는 것들을 미리 차단하는 거예요. 접근 가능성을 차단해야 성공할 확률이 높아집니다.

> 금연 결심: 담배를 버린다.
>
> 금주 결심: 술을 버린다. 저녁 약속 대신 점심 약속을 잡는다.
>
> 밀가루 음식 줄이기로 결심: 밀가루 음식이 있는 곳 근처엔 가지도 않는다.

둘째, 의지력보다는 구체적인 행동 규칙이 필요해요

'무조건 ○○ 한다'와 같은 '자동적 습관 행동 규칙'들을 만들어놓고 무슨 일이 있어도 그 일을 하면 도움이 됩니다.

'아침에 눈을 뜨면 무조건 ○○을 한다.'

'자기 전에는 무조건 ○○하고 잔다.'

첫 시작부터 실패할 것이 확실할 것으로 보이는 어려운 일을 억지로 해내도록 부담을 주면 성공 가능성이 희박해집니다. 하지만 본인에게 견뎌보겠다는 의지가 있을 때는, 조금 고통스럽고 불편하더라도 오늘부터 당장 실행하는 것이 중독과 같은 습관을 버리는 데 효과적이에요. 시작했다는 자기만족감이 두 번째, 세 번째 실행을 더 적극적으로 할 수 있도록 에너지를 부여해줍니다.

"천성이 게으른 걸 어떡해?"

"타고난 성격이 원래 이런 걸 어떡해?"

어디선가, 종종 들어본 말이죠? 변화하려는 의지가 없는 사람들이 자주 하는 자기변명입니다. 나의 신경계통은 내 편이라고 믿고 바로 실행해보세요.

영화감독 우디 앨런이 이런 말을 했어요.

내가 지켜보니까 작가가 꿈이라고 말하지만, 첫 단계에서 실패하고 실제로는 희곡 한 편, 책 한 권 쓰지 못하는 사람이 대다수입니다. 이에 비해, 일단 희곡이나 소설 한 편을 실제로 완성한 사람은 뒤이어 연극을 무대에 올리거나 책을 출간하더군요.

나에게 꿈이 있나요? 재능이 있나요? 반드시 해내고 싶은 일이 있나요? 그렇다면 노력하는 끈기도 있나요?

다 있어도 '끈기'가 없으면 성취하기 어려워요. 재능은 일반인의 두 배로 갖고 있지만, 노력은 절반만 하는 사람은 보통 사람과 같은 수준으로 산다는 연구 결과도 있어요. 재능은 부족하지만 끊임없이 노력해서 재능이 있는 사람들과 비슷한 수준까지 다다른 사람은 장기적으로 더 큰 성공을 이룬다는 연구 결과도 있습니다.

내가 남보다 나은 점이 있다면 어리석고 지독해 보일 정도로 근면하다는 것입니다. 러닝머신 위에서 죽는 것도 두려워하지 않는 자세 같은 거요. 나보다 운동을 많이 하는 사람은 없을 겁니다. 물론 나보다 재능이 많은 사람, 똑똑한 사람, 성적 매력이 넘치는 사람들이 있겠죠. 하지만 나와 함께 러닝머신에 올라간다면 그 사람이 먼저 기권하거나 내가 죽거나 둘 중 하나입니다. 정말로요.

그래미상을 수상한 음악가 윌 스미스의 말입니다. 그는 이런 말도 했어요.

재능과 기술은 두각을 나타내려고 노력하는 사람, 꿈이 있는 사람, 무언가를 해내고 싶은 사람들이 크게 오해하는 개념들 중 하나입니다. 재능은 선천적으로 타고나지만 기술은 오랜 시간 다듬어야만 향상됩니다.

노력 없는 재능은 잠재력일 뿐입니다. 뜨거운 열정도 필요하지요. 하지만 열정보다 중요한 것이 끈기입니다. 저는 졸업을 앞둔 대학생, 기업의 신입사원, 승진 대상자들을 대상으로 강의를 합니다. 자기 혁신과 성장을 위해서 구체적인 목표를 세우고, 도전 정신으로 무장하고, 뜨거운 열정을 더해서 새롭게 도전하겠다는 사람이 90퍼센트가 넘어요. 외국어 학습, 컴퓨터 활용 능력 강화, 건강을 위한 운동 등 다양한 시도를 합니다.

하지만 노력하다 힘이 들면 지름길을 찾으려 하고, 너무 빨리 너무 자주 그만두고 새로운 것을 찾아나섭니다.

1940년, 하버드대학 연구자들이 실험을 진행하면서 '건강한 청년의 특성'을 알아내서 사람들이 더 행복하고 성공적인 삶을 살 수 있도록 돕겠다는 목표를 세우고 학생 130명에게 러닝머신 위에서 5분간 뛰라고 했습니다. 경사와 속도를 최대한으로 설정하고요. 대부분의 학생이 4분밖에 못 버텼죠. 수십 년이 지난 후, 참가자들을 추적 조사했어요. 그 결과, '러닝머신에서 달린 시간과 정신건강 간에 상관관계가 존재한다'는 사실을 발견했습니다.

재능, 목표, 열정보다 중요한 것은 오늘도 내일도 모레도 꾸준히 계속하는 마음가짐, '끈기'입니다. 나의 게으름과 타협하지 않는 근면성, 단호하게 밀고 나가는 끈기!

근면성과 끈기가 자기혁신, 자기변화의 시작입니다.

지금 행복해지는 연습

좋아하는 일을 할 때 뇌는 가장 활기차게 움직입니다. 하기 싫은 일을 억지로 할 때 뇌는 제대로 작동하지 않지만, 좋아하는 일을 신나서 할 때 뇌는 두 배로 활기차게 움직입니다. 내가 하는 일을 즐길 때 놀라운 성과를 낼 수 있습니다. 공자는 "아는 자는 좋아하는 자보다 못하고, 좋아하는 자는 즐기는 자보다 못하다"라고 했습니다. 즐기는 자가 결국엔 이깁니다. 즐기면서 일할 때는 뇌도 변합니다. 뇌에 좋은 압박을 주고 잠자는 뇌세포를 깨워서 잠든 천재성도 일깨울 수 있습니다.

우리가 즐길 때 뇌에서는 '행복 호르몬'으로 알려진 세로토닌이 나옵니다. 과격하고 충동적인 마음을 잡아주는 마음조절장치 역할을 하는 세로토닌의 비밀을 알면 지금 당장 생활 패턴을 바꾸고 싶어질 거예요.

　뇌에서 본능을 관장하는 편도체를 다스리는 신경전달물질이 세로토닌입니다. 조절 호르몬, 행복 호르몬, 공부 호르몬이라고도 불립니다. 평화롭고 낙천적이며 의욕적인 심리 상태를 만들기에 우울증, 강박증, 충동장애, 섭식장애, 공황장애, 만성피로 증후군, 수면장애, 만성통증을 치료하는 물질입니다. 편안함, 생기, 의욕을 만들어주고, 감정을 잘 다룰 수 있게 해주는 행복 호르몬입니다.

　내 몸을 구성하고 있는 세포의 개수는 무려 60조나 됩니다. 세포는 뇌의 명령에 따라 움직입니다. 세로토닌 신경은 생명 중추에 있고 뇌 전체에 뻗쳐 있기 때문에 세로토닌 형성만 원활하다면 내 몸의 60조 개 세포에 전달되어 내 몸과 마음을 행복 호르몬으로 충전할 수 있습니다. 세로토닌은 운동할 때, 햇볕 받으며 걸을 때, 맛있게 먹을 때, 심호흡을 할 때, 사랑할 때, 숙면을 취할 때, 명상할 때, 차분한 환경 속에 있을 때 생성됩니다. 하지만 세로토닌은 아주 예민하고 귀한 물질이어서 분비량이 넉넉지 않고 지속 시간도 길지 않아요. 그러므로 매일, 매순간, 작은 노력을 지속적으로 해야 합니다.

많이 웃기

수세기 동안 학계에서는 웃음이 건강을 유지하는 데 큰 효과가 있는 것으로 연구되어왔습니다. 13세기 초, 외과 의사들은 수술의 고통을 줄이기 위해서 환자와 함께 웃는 것을 시도했고, 16세기의 학자 로버트 버튼은 우울증 치료에 웃음을 도입했으며, 교육학자 리처드 멀캐스터는 "웃음은 좋은 신체 운동"이라고 기록했습니다. 17세기의 철학자이자 심리학자 허버트 스펜서는 과도한 긴장감을 이완하는 데 웃음이 효과가 크다고 기록했으며, 19세기의 학자 고틀리프 후페란트는 웃음이 소화작용을 돕는다고 했습니다. 20세기에 미국 의사 제임스 월시는 웃음이 내장 기관을 자극하는 데 탁월한 효과가 있다고 기록했죠.

『웃음의 치유력』을 쓴 노먼 커즌스는 뼈와 근육이 굳어져가는 '강직성 척수염'에 걸렸을 때, 하루하루 고통을 견디기가 무척 힘들었다고 합니다. 그런데 코미디 프로그램을 보며 실컷 웃고 나면 고통이 줄어드는 것을 실감했다고 해요. 15분 동안 마음껏 웃으면 웃은 시간의 4배인 2시간 동안 통증이 급격히 줄어든다는 사실을 발견한 거지요. 그는 이렇게 찾아낸 웃음치료의 효과를 캘리포니아 부속병원에서 본격적으로 연구했습니다.

웃음 근육은 대뇌의 웃음 운동 중추와 연결되어 있습니다. 우리가 긍정적인 감정을 많이 느낄 때 웃음 운동 중추가 활성화되면서 웃음 근육을 움직입니다. 반대로 웃음 근육을 많이 사용하면 뇌의 웃음 운동 중추가 활성화됩니다. 뇌는 근육이 지속적으로 보내는 정보에 적응합니다. 의도적으로 취하는 자세가 뇌에 강력한 영향을 끼치는 거지요. 억지로라도 자꾸 웃으면 행복해진다는 말은 진실이에요.

웃음의 효과는 우리가 알고 있는 것보다 매우 다양합니다. 활짝

웃는 표정 근육을 사용하는 것만으로 집중력과 학습 능력, 업무 수행 능력이 향상됩니다. 행복하고 즐거울 때 공부하면 암기력, 응용력이 월등히 높아진다는 연구 결과는 이미 많아요. 그러므로 스트레스가 쌓이고 짜증이 난 상태에서는 학습 능력과 업무 수행 능력이 떨어질 수밖에 없어요.

웃음 근육을 사용할 때 뇌는 어떤 반응을 일으킬까요? 신경생물학자 자크 판크세프의 연구에 따르면, 웃음 근육을 많이 사용하면 칭찬을 많이 받았을 때와 같은 기쁨을 느낍니다.

일하기 전에, 공부하기 전에 많이 웃으세요. 효율성과 생산성이 높아지니까요. 파워포즈와 더불어 웃는 연습도 신체와 정신의 조화를 이루게 하는 '체현'에 해당합니다.

자꾸 웃으면 신진대사가 원활해지면서 컨디션이 좋아지고 자연스럽게 긍정적인 생각을 많이 하게 됩니다. 긍정적인 생각은 긍정적인 감정을 다량 생산하고, 부정적인 생각을 떨치게 만듭니다.

지금 바로 거울 앞에서 웃는 연습을 해보세요. 내 몸이 먼저 살아나고, 입에서는 사람을 살리는 말이 나오고, 나와 얼굴을 마주하는 사람들과의 관계가 살아나기 시작할 거예요. 내가 먼저 웃으면 상대도 웃으면서 나를 대하므로 관계는 긍정적으로 성장하게 됩니다.

아우슈비츠 수용소 안에서도 사람들은 매일 웃으면서 공포를 이겨내고 내일에 대한 희망을 버리지 않았습니다. 밤마다 작은 무대에서 만담쇼를 열고 나도 웃고 상대도 웃겨주었습니다. 극한 고통 속에서도 마음껏 웃을 수 있는 능력이 우리 내면에 있다는 걸 보여준 사례지요.

한계 상황에서도 웃을 수 있는 능력은 자신을 지키는 정신적 무기입니다. 고통스러운 현실을 객관적으로 바라볼 수 있는 힘을 길러줍니다. 웃으면 나의 뇌를 행복하게 만들고, 상대를 웃게 만듭니다.

동심 찾기

왕십리역, 오후 6시. 네댓 살된 어린이 십여 명이 단체로 만원 전철에 탔어요.

"친구 허리를 서로 잡으세요."

선생님이 외쳤고 아이들은 전철이 조금만 흔들려도 온몸을 휘청거렸어요. 제일 작은 여자아이 둘을 내 무릎에 앉히고 허리를 꽉 안은 다음 남자아이들은 내 팔을 잡게 했죠.

"아줌마는 어디 가요?"

"아줌마는 몇 살이에요? 아줌마 맞죠?"

"응. 너희 엄마보다 나이가 많은걸. 비 오는데 어디 갔다 와?"

"졸업여행요! 남이섬에."

순간 주변 승객들이 일시에 폭소를 터뜨렸어요. 아이들의 표정은 진지했습니다. 졸업생 포스랄까요?

"우아, 멋지다. 졸업여행! 어린이집 졸업하면 어디 입학해?"

"유치원 가야죠!"

행당역에 이르자 선생님이 "모두 손잡아요. 손잡아" 하며 아이들을 모았습니다. 무릎에 앉았던 아이들이 일어서며 내 손을 잡아끌었어요.

"아줌마, 우리 어린이집에 같이 가요!"

"나도 정말 같이 가고 싶은데, 일하러 가야 해. 졸업 축하해!"

"그럼 내일 심심할 때 우리 집 ○○아파트 ○○○호에 놀러 와요. 꼭!"

"응! 심심하면 꼭 갈게."

문이 닫히고도 한참 동안 손을 흔들던 김소은 어린이. 작년 겨울의 일인데 잊히지 않고 내 머릿속에 남아 있는 장면입니다. 힘들고 무료하고 지칠 때마다 나는 소은이가 떠오르고 그 집에 놀러 가고 싶어집니다. 떠올리면 저절로 입가에 미소가 번지는 장면을 저는 상세히 기록하고 기억해두려 애써요. 일과 사람에 시달려서 인상이 찌푸려지는 날, 기억을 소환하면 저절로 미소가 번지는 장면들은 누구에게나 있어요. 그중에서도 어린이와 대화하며 크게 웃고 행복했던 기억은 우리를 더 크게 웃게 하는 힘이 있습니다. 동심의 힘이지요!

사는 낙이 없다, 허무하다, 무료하다고 한숨 쉬는 사람들에게 제가 권하는 처방이 있어요. '해맑은 어린아이들과 대화하기'입니다. 나이 들면서 우리가 잃어버린 마음속의 동심을 일깨우는 일은 우울증, 번아웃 등 성인들이 자주 겪는 '마음의 병'을 치유하는 데 상당히 효과적이에요. 우리는 '동심'을 잃는 순간부터 우울감과 나날이 낮아지는 자존감 때문에 마음의 힘을 잃게 됩니다.

심리치료에서 미술치료, 동화치료(문학치료), 동요치료(음악치료)는 접근하기도 쉽고 치료 효과도 높아요. 동심을 찾으면 내 마음속에 울고 있는 어린이와도 대화하며 치유할 수 있고, 행복한 추억을 소환해서 다시 웃을 수도 있어요.

잊어버린 채 살아왔으나 내 마음속 어딘가에 여전히 살아 있는 '동심'을 찾는 일, 어린이들과 대화하는 것부터 한번 시도해보세요. 어린 시절 내가 좋아했던 동요도 다시 불러보고, 가끔은 크레파스로 그림도 그려보세요. 어린이의 마음으로 돌아가서 행복해지는 나 자신을 발견할 수 있어요.

감사하기

행복할 때 심장은 가장 안정적으로 뜁니다. 화날 때, 슬플 때, 짜증 날 때 심장박동은 균형이 깨어지고 가장 불안정하게 뜁니다. 심장은 우리의 감정에 가장 민감하게 반응하는 기관이에요. 심장의 균형이 깨지면 스트레스를 받는 상황에서 좋은 대처를 할 수 없고, 마음을 회복하는 힘을 잃습니다. 심장이 불안정하게 뜰 때는 짜증 낼 때입니다. 짜증은 심장의 균형을 무너뜨리는 가장 나쁜 감정이에요. 행복의 반대는 불행이 아니라 짜증이라고 해야 더 적합합니다.

이때 코르티솔이라는 스트레스 호르몬이 분비되는데, 1분 동안 짜증을 내면 40배의 시간인 40분 동안 코르티솔 호르몬이 분비됩니다. 하루에 15분 정도 짜증 내는 건 다반사인데요, 그렇다면 무려 15시간 동안 스트레스 호르몬이 내 몸에서 분비되는 셈이에요. 다시 말해 밤 12시에 짜증을 15분 동안 내고 잠들면, 이튿날 아침에 출근하고 점심을 먹고도 한참 지난 오후 3시까지 내 몸에서 코르티솔 호르몬이 분비되는 겁니다. 오늘 아침, 유난히 컨디션이 나쁘고 이유 없이 짜증이 난다면, 어젯밤 15분 때문입니다.

심장을 가장 편안한 상태로 회복하는 데 도움이 되는 감정은 무엇일까요? 기쁠 때? 재밌을 때? 정답은 '감사'할 때입니다. 고마운 마음을 많이 느낄 때 우리 몸에서는 놀라운 회복이 일어납니다. 문제 해결 능력, 감정 조율 능력, 갈등 중재 능력, 회복탄력성이 높아집니다. 짜증이 밀려올 때 감사한 순간, 고마운 사람의 얼굴을 떠올려보세요.

매일 행복해지는 연습을 하나씩 해보고 노트에 써보세요. 연결의 끈을 견고하게 하는 힘은 내 마음에서 나옵니다.

관계에도 연습이 필요합니다

초판 1쇄 발행 2020년 9월 15일
초판 14쇄 발행 2024년 2월 19일

지은이 박상미

발행인 이봉주 **단행본사업본부장** 신동해
편집장 김예원 **표지디자인** 최보나 **본문디자인 및 교정교열** P.E.N.
마케팅 최혜진 이인국 **홍보** 반여진 허지호 정지연 송임선
국제업무 김은정 **제작** 정석훈

브랜드 웅진지식하우스
주소 경기도 파주시 회동길 20
문의전화 031-956-7357(편집) 031-956-7089(마케팅)
홈페이지 www.wjbooks.co.kr
인스타그램 www.instagram.com/woongjin_readers
페이스북 www.facebook.com/woongjinreaders
블로그 blog.naver.com/wj_booking

발행처 ㈜웅진씽크빅
출판신고 1980년 3월 29일 제406-2007-000046호

© 박상미, 2020
ISBN 978-89-01-24453-2 03180